은은 출판에서 드림

내 가슴에 저 가을여

이제는 우리가 꿈을 이루는 주인공이 되어야 할 때

내 가슴에 귀 기울여

euneunbooks

차례
내 가슴에 귀 기울여

첫 번째 이야기
평범한 10대를 위한 특별한 이야기 · 11

평범한 아이 콤플렉스 극복하기 / 나는 나를 100% 알고 있을까? / 친구는 라이벌이 아니야 / 시간을 지혜롭게 사용하기 / 생각하는 힘을 길러야 해

두 번째 이야기
청년이여, 치열하게 읽고, 뜨겁게 생각하라 · 47

성공이란 진정 무엇인가 / 삶을 뜨겁게 사랑하고, 치열하게 생각하라 / 촉감이 있는 종이책의 힘과 파급력 있는 블로그 / 진정한 성공의 지름길은 독서와 공존의식

세 번째 이야기
진로를 일찍 고민하고 방향성 있는 노력을 하자 · 97

네 번째 이야기
기회는 준비하는 자에게 주어진다 · 135

이곳에서 지금부터 / 전쟁 원칙을 삶의 원칙으로 삼다 / 포기하지 않는 한 열매는 맺힌다 / 버거운 목표에 도전하라 / 논리적인 말보다 원활한 관계가 소중하다 / 의미 있는 삶에 도전하라 / 자기가 좋아하는 일을 준비하라

다섯 번째 이야기
나의 농촌마을 입성기 · 179

여섯 번째 이야기
10대를 향한 위로 한 마디. "힘내..지마" · 213

스티브 잡스는 꿈이 아닌 현실이었다 / 무한도전 : 우회의 청춘 / 우리는 여전히 폭력적이다 / 안전한 무대는 없다 / 드리밍 리얼리스트

일곱 번째 이야기
나의 존재, 나의 가치를 발견하라 · 241

나에게도 꿈이 있었다 / 지난날을 돌이켜 보며 / 자신의 가치를 발견하기 위해서는 독서 / 나의 가치를 발견했다면 태도가 중요하다 / 어떻게 태도를 바꿀 것인가 / 마음운동 / 마감시간을 정하라

머리말
내 가슴에 귀 기울여

지나온 시간에 대한 아쉬움을 값진 인생 교훈과 성찰로 얻은 진솔한 우리의 이야기들을 통해 내 삶을 돌아보고 새롭게 계획할 수 있는 지침서로 출간하였습니다.

이 책은 세상에는 내가 생각하는 것보다 훨씬 많은 사람들이 같은 고민을 하며, 꿈이란 결국 작은 실천부터 이루어 나가는 사람들의 몫이라는 걸 말해 주고 있습니다. 지금 하고 있는 일을 되돌아보고, 나도 할 수 있다는 용기를 줍니다. 작은 습관부터 하나씩 고쳐가며 멀리 있다생각하고 바라보기만 했던 나의 꿈을 향해 나아갈 수 있는 나를 만들 수 있다고 이야기합니다.

출간 기획을 하면서 이 시대를 살아가고 있는 세대의 생각, 조금 더 많은 경험을 가진 세대의 생각을 듣고자 원고 공모를 하였습니다. 지난날을 돌이켜 보며 진정한 나를 발견하고 내가 정말 하고 싶어 하는 일을 하며 살아가고 있는지 내 주위에 있는 여러 분의 생각을 들여다보고 앞으로 꿈을 준비하고 이루는데 조금이라도 도움이 되고, 다시 한 번 생각할 수 있는 계기가 되었으면 하는 바람이 있습니다.

여러 분야에서 자신의 진심과 열정을 보내주신 분들께 감사 드립니다.

본문 중에서
내 가슴에 귀 기울여

글을 읽고 실천하는 것이 만만치 않은 일이라는 것을 안다. 서점에 가면 수없이 많은 자기계발 서적이 있음을 본다. 자기 계발 서적은 일명 성공한 사람들의 모든 것이 쓰여 있다. 그런데 왜 모든 사람이 행복하게 자신의 꿈을 이루며 살지 못하는 것일까? 역시 실천의 어려움에 관한 이야기이다. 실천하는 사람이 자신의 꿈을 이루는 것 같다. 이제는 우리가 꿈을 이루는 주인공이 되어야 할 때이다. _ 낙타

좀 더 담대해지자. 강한 정신력을 갖추기 위해 치열한 독서를 하자. 그대여 위기의 시대에 변혁의 중심에 서라. 그대는 반드시 강하게 훈련받아 세상의 빛과 같은 역할을 할 수 있기를 기원한다. _ 글래디에이터

앞으로 평균 수명이 길어지는데 생계수단일 뿐 아니라 자신의 가치와 열정을 바쳐 자신이 잘할 수 있는 분야를 찾아내는 것이 필요하다. 자신의 꿈을 향해 즐겁게 방향성 있는 노력을 기울여 사람들과 더불어 살며 이타적인 삶을 추구할 수 있는 사람이 되기를 기원한다. _ 주연

나는 앞으로 남은 삶도 기회가 주어지는 대로 이웃을 위한 섬김을 추구하려 한다. 많은 것을 받았으니 이제는 돌려주어야 할 일만 남았다. 오늘도 준비하는 사람에게 기회를 준다고 생각하며 일하련다. _ 주동산

현실은 소설이 아니라 모든 것들이 뿅! 하고 180도 달라지지는 않지만, 이런저런 불만 속에 자신을 성장시키는 것이 내 삶의 주제가 아닐까 해요. 우리는 모두 같은 공간을 살아가는 동시대인이자 한가족이잖아요? 우리 함께 노력해 봐요. 삶이라는 무대를 향해 끊임없이 달려나가요. 다만, 자기 일에 대해서는 솔직해질 것. 그것이 내 삶의 주인공이 되기 위한 전제조건이에요. _ 베이다

꿈을 꾸고 도전하는 10대들에게 이따금 찾아오는 고통의 시간 속에서 혼자 좌절하거나 스스로 힘내려고 하지 않았으면 한다. 때로는 그대들이 가는 길이 어렵고 힘들 때 나의 이 습작을 읽어주길 바란다. _ 유령작가

꿈을 향해 달리기 시작한 당신이라면 당장 꿈의 계획표를 만들기 바란다. 그리고 그 꿈의 계획표에는 반드시 마감시간이 있어야 한다. _ 이문정

내 가슴에 귀 기울여 | **첫 번째 이야기**

평범한 10대를 위한
특별한 이야기

평범한 10대를 위한 특별한 이야기

평범한 10대를 위한 특별한 이야기

10대, 중학교와 고등학교, 나 자신, 친구와의 관계. 그리고 공부. 머릿속이 수많은 생각으로 가득 찼던 그때. 누가 보기에도 평범했던 나의 10대 시절, 하지만 혼자서는 질풍노도의 시기를 겪었던 그 시간을 돌이키면서 이야기를 하고 싶다.

평범한 아이 콤플렉스 극복하기

특별했던, 부러웠던 나의 친구들 이야기

지민이는 고등학교 때 진로를 미술로 정하고 열심히 준비해 나갔다. 초등학교 때부터 체계적으로 학원에 다니면서 준비한 경우가 아니고, 그냥 미술을 좋아해서 이것저것 그리다가 고등학교 때 진로를 정한 경우였다.

지민이는 색깔을 보면 흥분된다고 말했다. 이건 충격이었다. 진정 사람에게 적성이 존재한다는 것을 깨닫는 순간이었다. 나는 예체능은 물론이고 공부할 때도 흥분되지 않았다. 도대체 나는 뭐하는 사람인가 곰곰이 생각했다.

세인이는 진로를 재즈 피아노로 정하고 유학을 준비하기 시작했다. 예체능 분야를 꿈꾸는 청소년의 부모님들은 적극 후원 또는 적극 만류하는 두 가지 경우로 나뉜다. 세인이의 부모님은 '공부가 힘들어서 예체능을 하려는 것이 아니냐', '예체능이 공부보다 쉽다고 생각하는 것이 아니냐'는 반응이셨다.

부모님은 세인이가 혼자서 저러다 흥미가 떨어지겠거니 하고 세인이가 준비하는 것에 대해 신경 쓰지 않았다. 세인이가 무언가를 해낼 것이라는 것을 아무도 기대하지 않았다. 그런데 고등학교 때 미국으로 유학을 가서 홈스테이를 하더니 결국 미국에서 재즈 피아노로 유명한 대학교에 입학했다. 부모님의 강요도 아니었고 스스로 해낸 것이었다.

한나와 나는 초등학교부터 고등학교까지 같은 학교에 다녔다. 한나는 초등학교 때부터 모든 선생님의 관심을 한몸에 받았다. 한나는 질투의 대상이 될 수 없을 정도로 공부의 신과 같은 존재였다. 일명 넘사벽! 넘을 수 없는 4차원의 벽과 같았다.

중요한 점은 한나는 공부를 흥미롭게 여긴다는 사실이었다. 꾸준히 공부할 수 있었던 힘은 공부에 대한 호기심과 열정이었던 것 같다. 그런 힘을 가지고 있는 한나가 부럽고 존경스러웠다.

고등학교에 올라가니 초등학교, 중학교 때보다 더 다양한 지역에서 아이들이 모였다. 특히 고등학교 때는 '잘 사는 지역 아이들'과 대거 접촉할 수 있었다. 가방, 신발, 교복 외 눈에 보이는 것들로도 충분히 내가 사는 지역의 아이들과 다름을 인식할 수 있었다. 심지어는 어느 학원에 다니는지 얼마짜리 과외를 하는지부터 선행학습의 정도에 따라서도 부의 차이가 느껴졌다. 선입견인지 괜히 그 지역 아이들이 공부를 더 잘하고 정서도 안정적이라는 느낌을 받았다.

나와 같은 중학교를 나왔던 친구들과 세상엔 다양한 사람들이 산다는 것, 특히 똑똑하고 부자인 친구들이 많다는 것에 대해 이야기했다. 또한, 우리가 앞으로 대학교에 진학하고 사회에 나가게 되면 빈부의 격차 때문에 묘한 감정들에 사로잡힐 것이라고 생각했다.

위 친구들이 그냥 부러웠다. 하고 싶은 것이 있는 아이들이 신기했다. 그리고 출발부터 많은 것을 가지고 태어난 아이들이 부러웠다.

'나를 흥분시키는 건 도대체 어디 숨어있는 걸까? 난 왜 이렇

게 태어난 걸까?'

사춘기 때 일시적으로 드는 생각들이라고 말할 수도 있다. 하지만 그러기엔 사라지지 않고 해결되지 않는 문제였다. 평범한 아이 콤플렉스는 초등학교 때부터 서서히 시작되어 중학교 때 나의 콤플렉스를 인지하였고 고등학교 때는 폭발하였다.

내가 공부를 하는 이유는?

'공부가 재밌어서도 아니고 미술을 못해서 음악을 못해서 체육을 못해서! 남는 선택은 공부였으니까!'

나의 지극한 평범함에 대한 고민을 나열하면 이렇다. 나의 가정형편도 평범하고 (배부른 소리겠지만) 외모도 평범하고 재능도 꿈도 평범했다. 중학교 때 공무원이 되고 싶었다. 이유는? 조용히 평범하게 살 수 있을 것 같았기 때문에. 중학교 때 한 번은 약사가 되고 싶었다. 이유는? 의사는 어려울 것 같았기 때문에. 고등학교 때 경영학과에 가고 싶었다. 이유는? 많이 뽑으니까 무난한 것 같았기 때문에. 이상으로 나의 평범한 스토리였다.

그런데 이상한 점은 이중적이게도 특별해지고 싶다는 생각이 내 마음 깊은 곳에서 꿈틀거리고 있었다. 상상은 자유이기 때문에!

수련회 장기자랑 시간에, 지극히 평범했던 내가, 갑자기 무대로 나가 고난이도의 팝핀 댄스를 추며 180도 다른 모습을 보여주

평범한 10대를 위한 특별한 이야기

는 상상. 조용히 학교 다니던 아이가 갑자기 전교 1등을 하여 학교에서 주목받는 아이로 탈바꿈하는 상상. 우리 집안이 엄청난 부자였다는 사실이 밝혀지는 상상. (제일 불가능한 상상이었다.)

나를 있는 그대로 받아들이고, 이제는 전진하자!

고등학교를 끝마칠 때끼지도 나는 이런 고민을 완벽하게 해결하진 못했다. 고등학교 졸업 후 대학교에 입학하고 다시 수능을 볼 때, 그때서야 나의 마음들이 정리되기 시작했다.

사실 나에게 '재수'란 있을 수도 없는 것이었다. 평범한 삶을 추구했던 나에게 (물론 마음 깊숙한 곳에서는 특별함을 꿈꿨지만) '재수'라니!

재수하게 되면?! 1년을 다시 이 공부를 해야 하고, 또래 친구들 보다 1년 늦게 되는 셈이고, 새로운 학교에 입학하면 다시 처음부터 시작해야 하고, 그런데 결정적으로 재수에 실패하면? 생각이 꼬리를 물고 두려움은 커갔다.

혼자서 잡다한 생각은 다 하면서도 재수를 결심한 데에는 이유가 있었다. 왜냐하면, 대학교에 입학했을 때 이런 비슷한 패턴의 질문들과 마주하게 되었기 때문이다. 특별한 꿈 없이 달려가고 있는 나에 대해서, 그리고 꿈과 열정이 넘치는 친구들과 부유한 친구들을 바라보면서 어딜 가나 이런 사람들은 있을 텐데 그럴 때마다 매번 같은 고민을 해야 하나, 마음이 복잡해졌다.

돌이켜 보니 내가 최선을 다해서 나의 의지대로 무언가를 해 본 경험이 없었다. 시간이 흐르는 대로 맞추어 공부를 했을 뿐 열정도 없었다. 목표가 없으니 열정이 생길 수가 없는 일이었다. 평범함에 대한 고민 때문에 목표가 생기지 않았다. 그런데 나의 문제점은 항상 내가 평범하다고 생각하는 나의 태도에 있었다.

먼저 '특별함'과 '평범함'에 대해서 다시 생각했다. 무엇이 특별함이고 도대체 무엇이 평범한 것일까. 공부를 제일 잘해야 특별해지는 걸까? 바이올린 대회에서 1등을 해야 특별한 걸까? 국내에서 인정받는 미술가가 되어야 하나? 유명한 연예인이 되어야 하나?

찬찬히 돌이켜 보니 무의식적인 나의 특별함의 기준은 항상 모든 분야에서 최고의 권위자가 되는 것이었다. 모두에게 인정받는 사람 말이다.

이런 상대적인 기준으로 나의 가치를 측정하면 안 된다는 것을 깨달았다. 상대적인 것은 상황이 바뀔 때마다 기준이 변하기 때문에 나의 가치가 그때마다 변하게 된다. 이것은 말이 안 되는 것이다. 절대적으로 나는 스스로 가치 있는 사람이었다. 세상에서 '나'라는 브랜드는 한 개 밖에 없다. 그런데 나는 이것을 받아들이지 못했었다. 당장 눈에 보이는 현실이 초라한데 내가 어떻게 특별하다고 말할 수 있을까. 다른 사람과 비교할 때마다 내가 한없이 작아 보였기 때문이다.

그래서 나는 '절대적'으로 나라는 존재가 가치 있다는 것을 인정하고 받아들이기로 했다. 어떤 이유도 붙이지 말고 단지 이 세상에 태어났다는 것. 즉 '존재하는 인간'에 대해서이다. 그렇게 해야만 한다는 것을 깨달았다.

또한, 나의 가정형편을 받아들이기로 했다. 큰 부족함 없이 자랐지만, 세상에 부자들이 많다는 사실을 점점 실감 나게 목격하고 학교에 있는 부자 친구들과 지낼 때 묘한 감정을 느끼면서 근본적인 물음을 던지게 되었다. 왜 다르게 태어나는 걸까. 태어났을 뿐인데 어떤 사람은 태어날 때부터 주식부자이고, 어떤 사람은 버려진다. 아이는 아무런 행동도 하지 않았는데 그냥 시작부터 다르다. 불공평하다고 생각했고, 이 의문은 풀리지 않았다.

해결책은 간단했다. 나는 출발점이 다르다는 사실을 인정하기로 했다. 맞다. 출발점이 다를 뿐이다. 그 출발점은 누구에게 유리한지 아무도 알 수 없다. 단지 내가 서 있는 출발점에 집중하여 앞으로 달려나가야 한다는 사실이다. 불공평하게 태어난 것에 대한 질문은 어떻게 보면 당연한 질문이지만 그것에 대해 생각하려면 너무 많은 에너지를 쏟아 부어야 한다. 그러기엔 나는 너무 특별한 존재이다.

마지막으로 평범한 삶에 대하여 깨달은 것은 나에게 '행동'이 부족했다는 점이다.

위에 소개한 나의 친구 한나가 얼마나 노력하는지 나는 알고 있었다. 한나는 전교 1등이었으며 정말 그건 넘을 수 없는 벽이라고 생각했다. 그리고 내가 아무리 노력한다고 해도 한나 또한 그 시간에 노력할 것이기 때문에 그 차이는 좁혀지지 않을 것이었다.

그래서 결론은? 나는 한나를 대단하게만 생각하는 데에 그쳤다. 하던 대로 공부했고 그 이상의 노력을 하지 않았다. 결국, 지레 겁만 먹고 노력하지 않았던 꼴이었다. 한나를 이겨야 할 필요도 없는데 왜 그런 생각을 했는지 모르겠다. 그냥 노력하기가 싫었던 것 일 수 있다.

또한, 비슷한 경우가 있었다. 고1 때 친구가 수능에서 언어영역은 원래 자신의 실력으로 보는 것이기 때문에 공부해도 오르지 않는다며 고1 성적이 수능성적이라고 했다. 나는 그 말만 믿고 수능 때까지 언어공부를 하지 않았다. 수능 때는 오히려 성적이 떨어지고 말았다. 순진했다고 생각할 수도 있지만 사실 나는 내가 듣고 싶은 말만 귀담아 들었던 것 같다. 일명 자기합리화의 일종으로 언어영역을 공부하지 않아도 되는 이유를 만들어 내었던 것이다. 고1 부터 수능 때까지 2년 넘는 시간 동안 공부

평범한 10대를 위한 특별한 이야기

하면 성적이 오르는 것이 당연한데 그때 당시는 노력하기 싫어서인지 그 말을 철석 믿어버렸다. 정신 차리고 재수시절에는 언어 공부를 열심히 했고 수능 때는 언어영역에서 이때까지 성적 중에 최고점을 받았다.

그리고 나는 꿈을 찾는 노력을 제대로 하지 않았다. 예체능 계열은 원래부터 재능이 없었던 것을 알았기 때문에 넘어가기로 한다. 남는 것은 공부 영역이었는데, 나는 단순하게 이과, 문과 그리고 역사, 수학, 사회 등 과목별로 흥미여부를 판단하였다.

그리고 내가 아는 직업은 선생님, 공무원, 판사, 의사, 간호사 등 아주 기초적인 수준이었다. 이 안에서 나의 적성을 끼워 맞추려니 나의 진로는 희미하게만 보였다. 이런 나의 노력은 안타깝게도 수동적인 수준이었다. 감나무 아래 누워서 입을 벌리고 생각으로만 머리를 쥐어짜면서 나의 진로가, 꿈이 '짠'하고 나타나길 바랐던 것이다. 생각만 하고 입속으로 감이 떨어지겠거니 기다렸다.

왜냐하면, 나에겐 '꿈'에 대한 환상이 있었기 때문이다. 직감적으로 내가 하고 싶은 것이 있어야 하는 거 아닐까? 그것이 '꿈' 아닐까? 이렇게 꿈이 있는 남들을 부러워하며 시간을 보내야 했다.

그런데 '꿈'은 적극적으로 자신이 찾고 발견해 내야 하는 존재였다. 인터넷만 뒤져도 세상에 존재하는 많은 직업을 탐색할 수 있고 구체적으로 무엇을 하는지 알 수 있다. 또한, 대학교에 진학하면 구체적으로 무엇을 배울 수 있는지, 국내 뿐만 아니라 해외에도 다양한 기회가 있다는 것을 조금만 더 노력하면 알게 된다. 이런 노력이 없었던 나는 내가 알고 있는 정보가 없었기 때문에 선택할 수 있는 범위도 좁아졌었다.

INPUT이 있어야 OUTPUT이 있는 법이다. 머릿속에 다양한 진로를 집어넣어야만 나에게 맞는지 생각할 기회가 있다는 것을 몰랐다. 머릿속에 직업에 대한 지식도 세상에 배울 것이 많다는 사실도 모르면서 나에겐 꿈이 없다고 했던 내가 안타까웠다.

꿈이 없다면 책과 신문을 읽고 음악을 듣고 인터넷을 뒤져야 한다. 적극적으로 행동해서 머릿속에 INPUT을 해야 한다. INPUT이 있다면 내가 원하는 OUTPUT을 찾아낼 수 있다.

위에서 내가 상상한 내용을 소개했다. 수련회 때 모두를 깜짝 놀라게 할 춤을 추는 것. 그런데 나는 춤을 추기 위해 노력한 것이 없었다. 노력이 없는 소원은 망상에 불과할 뿐이었다.

특별함을 원하면서도 실제로 행동으로 옮긴 일은 없었다. 즉 로또에 당첨되는 상상을 한다면 로또를 사라는 말이 나에겐 필요했었다.

이렇게 평범한 삶을 극복하기 위한 3가지를 이야기했다. 평

평범한 10대를 위한 특별한 이야기

범한 삶이 될지 아닐지는 남이 판단해 주는 것이 아니라, 스스로 자신의 삶을 규정하는 것이다. 자기 존재의 특별함을 인정하고 내가 서 있는 그 자리에서부터 최선을 다해 전진할 때 삶은 특별해진다.

나는 나를 100% 알고 있을까?

우린 왜 특정 행동을 하게 되는 것일까?

방학기간에 교실에서 다른 친구들과 다 함께 공부를 하고 있었다. 그날은 여름이라 에어컨을 빵빵하게 틀어 교실이 매우 시원했다. 그런데 학생들 전체가 의자를 옮겨야 하는 일이 있었다. 우리는 더운 날에 의자를 모두 옮겼다. 그리고 모두 쉬고 있는데 내가 마지막으로 들어왔다. 문을 닫지 않은 채로,

"문닫어~!"

다들 더운 상태라 짜증이 난 상태이기도 했고 그 선생님께서 원래 말투가 퉁명스러우셨다.

"진아는 오늘 학원 때문에 늦게 온대요."

나의 입에서 이런 말이 튀어 나왔다.

"문 닫으라고!"

"진아 오늘 늦게 온다니까요!"

세상에나. 말을 하면서도 이건 아니지 뭔가 잘못되었지 싶었다.
"쟤 뭐래니 문 닫으라니까!!"
결국, 모든 아이의 이목이 집중된 상태에서 다른 아이가 문을 닫음으로써 일이 끝났다.

이 사건 이후 나는 곰곰이 나의 상태에 대해서 생각해 볼 수밖에 없었다. 듣기도 민망하고 보기엔 더 끔찍했던 그 사건이 왜 일어났던 것일까.

이유는 잘못했다는 것을 인정하지 않는 나의 성격 때문이었다. 모두가 더위에 짜증이 난 상태여서 예민해져 있었다. 그때 퉁명스러운 선생님의 말투에 나는 순간 나의 잘못을 인정하고 싶지 않아서 다른 말로 대답을 했던 것이다. (진아가 늦게 오는 것은 내가 전달하기로 한 말이었다.) 끝까지 화제를 돌리려 했고 끝내 불상사를 맞이하게 되었다. 차분하게 생각하고 나니 나의 모습에 대해 어렴풋이 알고는 있었으나 깊이 생각해 본 적이 없다는 것을 알게 되었다.

전교 10등 안에 들면서 공부를 잘했던 친구 현아는 중학교 때 잘생기고 활발한 일명 '잘 노는' 아이와 연애를 했다. 그야말로 인터넷 소설에 나올 법한 일이었고 인근 동네에서도 아이들 입에서 두고두고 흥미로운 가십거리로 오르내렸다. 나중에 그 친구는 그때 일을 떠올리며 이렇게 말했다.

평범한 10대를 위한 특별한 이야기

'생각해보면 그 남자애를 좋아하기도 했지만, 일부분은 엄마에 대한 반항심도 있었던 것 같아. 우리 엄마가 날 과잉보호하는 것 같아서……. '

딸이 엄마에게 반항하기 위해 남자친구를 사귀는 것은 유치하게 들린다. 고전적인 스토리라 요즘에도 그러는 사람이 있나 싶을까 생각된다.

친구 중 한 명인 지은이는 밝은 성격과 재미있는 말로 우리를 즐겁게 해주었다. 그런데 어느 날 그 친구가 이렇게 말했다.

'나는 내가 말할 때 왜 큰 목소리로 말하는지 생각해 봤는데, 작게 말하면 내 목소리가 묻혀서 무시당할까봐 그런 것 같아'

그때야 나는 그 친구가 말을 할 때 좀 과장된 목소리로 말한다는 사실을 깨달았다. 항상 밝게 말하는 아이라 그런 걱정을 하는지도 몰랐다.

어떤 행동이든지 이유가 있기 마련! 행동의 원인을 찾아내자!

TV 프로그램 '우리 아이가 달라졌어요'를 보면 아이들이 단순하다는 걸 깨닫는다. 슈퍼에서 과자를 사달라며 큰 소리로 울며불며 바닥에서 구르던 아이가 얌전한 아이로 변신하는 걸 보여준다. 전문가가 나와서 아이들의 행동을 분석하고 부모님께 아이들이 원하는 것이 무엇인지 부모님의 잘못은 무엇인지 설명해 준다.

'우리 아이가 달라졌어요'의 내용은 어린 아이들에 한정된 이야기가 아니라고 생각한다. 우리도 때로는 지나치게 과장된 행동을 하고 민감하게 반응하기도 한다.

그런데 보통 사람들은 자신의 행동에 대해 차분하게 돌이켜 보고 반성할 기회를 갖지 않는다.

어린 아이들만 행동의 문제점이 발견되는 것이 아니다. 모든 사람이 자신의 행동을 객관적으로 관찰하고 이유를 찾으려 노력해야 한다. 이런 과정을 통한다면 자신 내면의 상처를 돌이켜 볼 수 있고 인간관계도 개선될 것이다.

우리가 하는 행동들 대부분의 원인은 가장 단순하고 원초적인 이유들이다. 원초적이기 때문에 자신의 행동 뒤에 숨겨진 동기를 인정하기엔 조금 부끄럽다.

또한, 복잡한 감정들을 배제하고 차분하게 자신과 마주하여 생각할 자신이 없을 뿐이다.

사람들에게 관심받고 싶어서, 주목받고 싶어서, 질투가 나기 때문에, 우리는 평소와는 다르게 말하고 행동한다. 사람들은 아무 이유 없이 짜증이 난다고 말하지만, 세상에 이유 없는 행동은 없다고 생각한다. 사람들은 자신이 짜증 나는 이유를 모른다고 하지만 곰곰이 생각하지 않았던 것일 수 있다. 혹은 알고 보면 인정하기 싫은 이유가 있기 마련이다.

어렸을 때는 내가 하는 행동들이 다 옳다고 믿었다. 차츰 성장하면서 나의 행동에 대해 지적하는 충고도 듣게 되고 스스로 나에 대하여 돌이켜 보기도 했다. 내 마음속 질투 때문에 친구한테 퉁명스럽게 대할 때도 있고, 주목받기 위해 과장된 행동을 하기도 했다. 하나하나 되짚어보니 고칠 행동들이 보였고 나 자신을 더 이해할 수 있었다.

나는 착한 사람이라고 생각했는데 질투, 교만한 마음 등 내가 싫어하는 모습들이 나에게 있음을 잘 알게 되었다. 그 후 나의 모습을 인정하고 개선하기 위해 노력했다.

원인을 알지 못하면 해결책을 내놓을 수 없듯이 자신의 문제점을 알기 원한다면 자신의 행동을 돌이켜 봐야 한다.

친구는
라이벌이 아니야

가장 친한 친구와 나의 묘한 라이벌 관계

가장 친한 친구를 떠올려보자. 함께 있으면 수다도 떨고 서로의 꿈을 이야기하며 즐겁다. 같이 수다를 떨고 독서실에서 공부를 한다. 쉬는 시간엔 서로 쿵짝이 잘 맞아 잠시 바람도 쐬고 맛있는 간식도 먹은 후 들어와서 공부를 한다.

밤 12시까지 공부하기 때문에 집에 가면 자투리 공부할 시간도 없이 취침이다. 왜냐하면 등교 시간이 7시 10분이기 때문이다.

고등학교의 빡빡한 스케줄을 같이 견뎌내는 친구가 있어 든든하다.

그런데 가장 신경 쓰이는 사람은 나의 곁의 친구이다. 혹은 친하진 않지만 우리 반 아이가 마음에 걸린다. '분명히 같이 공부했는데 왜 저 아이는 나보다 시험을 잘 보는 걸까? 내가 머리가 나쁜 건가? 나는 왜 머리가 나쁜 걸까?'

혹은, '오~ 내가 시험을 더 잘봤네!! 기분 좋은데?'

무의식적으로 친구를 경쟁상대로 인식하고 있었다는 것을 지각했다. '어라! 내가 왜 이러지? 나의 친한 친구가 잘되는 건 좋은 거야! 친구도 열심히 했으니까 시험을 잘 봤겠지! 나의 이 감정은 질투인가?

나는 친구들에게 라이벌 의식을 느끼지 않는 편이었다. 나는 이 사실을 자랑스럽게 생각했었는데 다시 따져보니까 그럴만한 이유가 있었다. 나의 친구들은 전교 1, 2등의 수재이거나 나와 차이가 많이 벌어지는 친구들이었다. 그래서 라이벌 의식을 느낄 수가 없었다.

그런데 고등학교 때 모의고사를 봤는데 나보다 성적이 안 좋은 친구의 성적이 급격하게 향상하는 일이 일어났다. 나는 순

평범한 10대를 위한 특별한 이야기

간 내 안에 묘한 감정들이 솟구치는 것을 느꼈고 혼란스러웠다.

'친구가 잘된 것은 정말 기뻐할 일인데 내가 왜 이러지? 친구가 열심히 했으니까 마땅한 결과가 나온 거잖아.'

'이때까지 라이벌 의식을 느끼지 못했던 것은 단순히 친구가 나보다 공부를 못했기 때문일까?'

'근데 이러나가 쟤가 니보다 성적 더 잘 받게 되면 나는 어쩌지? 어…이런 생각하는 건 아닌데…이게 아닌데…….'

친구는 친구일 뿐! 나의 경쟁자는 나 자신!

친구는 힘든 수험 기간을 함께 지내는 소중한 사람이다. 가족에게 말 못하는 고민도 털어 놓을 수 있고 나를 잘 이해해준다. 나는 진정으로 친구들이 좋은데 내 마음 깊숙한 곳에서 이런 마음들이 불쑥 튀어 나와서 당혹스럽고 기분이 나빴다.

친구에게 라이벌 의식을 느낀다는 것이 죄를 짓는 것 같았고 불편했다. 또한, 가까운 친구는 그렇다 치고 학교에서 친하지 않은 아이들과도 라이벌 의식을 느끼는 경우가 있었다.

나의 시각이 좁아진 결과라고 생각했다. 미시적인 관점 즉 내가 몸담고 있는 우리 학교, 반, 나의 친구만 보이기 때문에 무의식적으로 그것만 신경 쓰게 된다.

큰 그림, 더 넓게 거시적으로 바라본다면 학교 친구들은 경쟁

상대가 아니라는 걸 쉽게 깨달을 수 있다. 넓은 세상에 잘난 사람이 얼마나 많은데 굳이, 하필 내 곁의 친구를 질투하나? 내가 대학에 들어가고 나의 꿈을 이루는 것이 가장 중요한 것이라는 것을 명심하고 친구와 경쟁하는 것을 신경 쓰면 안 된다. 자꾸 시야가 좁아지게 되면 마음도 좁아지게 된다. 함께하는 친구들을 경쟁상대로 느끼면 친구가 어떤 문제집을 푸는지, 공부시간은 얼마나 되는지 관찰하고 괜히 조바심이 들게 된다. 결국엔 나의 패턴을 잃고 친구들 하는 것만 보고 마음만 심란해져버린다.

친구들의 공부 방법을 참고하는 것은 친구 사이에 서로 발전하고 좋은 것이다. 하지만 불안한 마음에 경계심을 갖고 단순히 친구를 따라 하는 것은 이득 될 것이 하나도 없다.

결국엔 내가 마음을 넓게 가지고 큰 그림을 봐야 한다. 나의 꿈을 이루는 것이 중요한 것이며 친구도 꿈을 향해 열심히 노력하고 있으니 함께 공부하고 도움되는 것을 기뻐해야 한다.

친구가 노력하는 모습을 보고 긍정적인 자극을 받는 것은 모두에게 이로운 일이다. 다만 경계해야 할 것은 마음에 일어나는 질투이다. 질투는 너무 많은 에너지를 쓰게 만들기 때문에 다른 일을 할 수 없는 채로 지쳐가게 된다.

먼저 친구를 향한 질투의 감정이 생기는지 자신의 마음을 잘 살피고 질투가 일어날 때는 다시 한 번 자신과 친구와의 관계 그

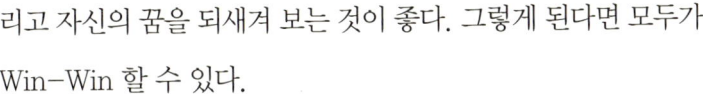

리고 자신의 꿈을 되새겨 보는 것이 좋다. 그렇게 된다면 모두가 Win-Win 할 수 있다.

시간을 지혜롭게 사용하기

이 시간이 빨리 지나가기만을 바랐던 중·고등학교 시절

중·고등학교 때 '시험'의 압박은 날 지치게 했다. 시험 때마다 교과서를 외우고 시험시간에는 제한시간에 맞춰서 문제를 푼다.

특히 고등학교 때 수능 대비 모의고사는 긴장감이 폭발하는 시간이었다. 이런 시간을 견뎌내다 못해 나중엔 자포자기의 심정으로 그냥 시간이 빨리 흘러버리길 소원했다. 수험생활 때는 친구들 중에 수능을 보기도 전에 미리 재수를 준비하는 아이들이 속출했다. 밤 12시 가까이 이어지는 자습시간에는 자리를 지키고 버티는 수준이었다.

고등학교 1학년 때 독서실에 다녔을 때는 공부하다가 언제 친구와 쉬는 시간을 갖고 어떤 이야기를 하고 뭘 먹을까에 대하여 고민했다. 이런저런 생각을 하다 보면 시간이 흐르기 때문이다. 친구와 놀고 나서는 다시 독서실 자리에 앉아 친구와 놀았던 일들을 회상하며 시간을 보냈다.

시간의 중요성을 알았다면, 시간에 끌려 다니지 말고 시간을 사용하자.

시간의 중요성은 안다. (물론 아는 것과 실천하는 것은 다르지만) 고등학교를 졸업하고 마음에 여유가 생기고 나니 차츰 시간의 중요성을 깨닫게 되었다.

위인들의 명언들을 종합해보면 다 거기서 거기, 어디서 들어본 뻔한 말들이다. 이건 마치 공부비법에 대해서 알려준다고 기대를 잔뜩 하게 했다가 막상 들어보면 '목표를 세우고 간절히 원해라', '기출 문제를 꼼꼼히 풀어라', '실현 가능한 계획을 세워라', '신문 사설이 중요하다' 등 비슷한 종류의 이야기라 실망하는 것과 마찬가지이다. 마음속으로 이렇게 외칠 것이다.

'난 새로운 것을 원해! 듣자마자 짜릿한 깨우침을 얻게 되는 강렬한 문구!'

아쉽게도 그런 건 없다. 표현방법의 변형이 있을 뿐 핵심은 동일하다. 인생에 대한 새로운 조언만을 바라는 대신 이런 질문은 어떨까?

'유명한 사람들이 비슷한 말들을 하는 것 보면 진짜 뭐가 있긴 있나 보다!'

중·고등학교에 다닐 때보다 한 살씩 나이를 먹고 성숙해져 갈수록 예전에 흔하고 흔하게 들었던 잔소리나 속담 명언 등이 진리였다는 것을 깨달을 것이다. 더불어 속담의 위대함과 선조

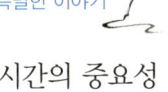
평범한 10대를 위한 특별한 이야기

님들의 지혜 등을 새롭게 알게 될 것이다. 특히 시간의 중요성을 강조하는 말들은 많았다. 하지만 나의 반응은 시큰둥했다.

'알지. 시간은 금과 같이 중요한 거야. 누구에게나 똑같이 주어지겠지. 시간을 잘 사용해야겠지'

가슴에 '쿵'하고 느낌이 와 닿지 않았기 때문에 시간의 중요성을 알았지만 실천하지 못했다.

먼저 '시간이 약' 이라는 주제에 대해서 이야기하려 한다. 보통 헤어진 연인들, 힘든 일을 겪는 사람들에게 위로하는 말이다. 그리고 민망한 사건을 겪었을 때 그 충격에서 벗어나기 위해 '시간이 약'이라고 되뇌인다.

나에게도 약이 되었던 시간이 있었다.

내가 중·고등학교 때 짝사랑한 남자애가 있었다. 이상하게도 좋아하는 사람 앞에서는 말도 잘 못하고 더듬거리다가 실수만 하게 되었다. 그래서 그 남자애는 나의 마음을 이미 눈치챘을 수도 있었다. 중학교 때는 같은 반이었고 그나마 말이라도 해봤는데 고등학교에 올라가니 남녀분반이고 어쩌고 하다 보니 말도 인사도 아무것도 못 하는 사이가 되어 버렸다. 너무 아쉬웠지만 용기가 없어서 다가가지 못했었다.

그런데 문제는 어느 날 기분이 매우 좋고 감정이 격해진 내가 복도 끝에 있는 그 아이를 보자 큰 소리로 이름을 부르고 말았다. 이번엔 대박이 터졌다. 내가 무슨 짓을 한 건가 싶어서 그대로 고개를 숙이고 교실로 올라갔다. 이 민망함을 입 밖으로 내기도 어려웠다. 벌써 내 머릿속에서는 10가지가 넘는 경우의 수로 상상력이 발휘되고 있었으며 이제 난 끝장이라는 생각뿐이었다.

이 사건 이후 나는 아무 생각도 하지 않기 위해 자신을 반쯤 놓아버렸다. 멍 때리기 위해 MP3에 의존하거나 TV를 보며 시간을 흘려보냈다.

확실한 건 시간이 흐르면 차츰 모든게 잊혀진다는 사실이다. 잊혀지지 않더라도 기억들이 희미해지고 사건 당시의 감정들도 정리가 된다.

그런데 내가 안타까운 것은 시간은 어쨌든 흐를 것인데 그 시간을 멍 때리면서 보냈다는 사실이다.

하지만 매번 가슴 아픈 일을 겪고 시험에 낙제하고 좌절을 겪을 때마다 정신을 놓은 채로 살 수 없는 일이다.

이와 같은 일은 사소하지만 누가 겪느냐에 따라서 체감하는 민망함이 다르다.

수능에 실패하고 중간고사 성적이 크게 떨어졌을 때를 생각해본다. 어른들은 그런 것들은 인생에서 일부분이기 때문에 괜찮다고 위로한다. 틀린 말은 아니지만 당사자들에게는 그다지 와 닿는 말이 아니다.

평범한 10대를 위한 특별한 이야기

먼저 그 순간의 가슴 아프고 절망스런 감정들을 인정하고 받아들여야 한다. 그리고 차분히 과거와 현재 미래에 대해서 생각해야 한다. 힘든 상황 가운데서 자신을 돌아보는 것은 만만치 않은 작업이다. 하지만 무작정 멍 때리기 상태에 돌입한다면 찝찝하고 묵직한 감정들이 마음 깊숙한 곳에 그대로 남아있게 된다. 그렇게 해결되지 않은 채 또 시간을 흘려 보내며 살게 되면 언젠간 '뻥'하고 터져버린다. 따라서 과정은 힘들겠지만 자신을 돌아보는 훈련을 자주 하게 되면 위기 상황에서 침착할 수 있게 되고 절망의 늪에 빠져 있는 시간도 단축된다.

두 번째로 본인이 '현재'를 살고 있는지 돌아봐야 한다.

나는 초등학교, 중학교, 고등학교 때 각각 후회하는 사건들이 몇 개씩 있다. 그것들은 떨쳐 버리고 싶어도 어느 순간 불쑥불쑥 나를 찾아왔다.

한마디로 과거 사건이 너무 후회스러워 과거 생각에 매달렸다. '바꿀 수만 있다면! 내가 미쳤었지. 그때 다르게 행동했더라면!'

그리고 나는 수능 공부를 하면서 미래 생각을 하는 것을 무척 좋아했다.

'수능 끝나면 당장 다이어트를 하겠어! 예쁜 옷도 사고 콘서트도 자주 보러 다닐 거야! 밀린 드라마를 다 보겠어! 대학교 가면 동아리도 들어야지!' 이런 생각은 수능 공부에 동기 부여 역할을 하는 것이 아니었다. 왜냐면 거의 매일 공부는 안하고 상상만 했기 때문이다.

친구와 약속이 있는 날에는 '아, 맛집이 어디가 있을까? 무슨 이야기를 할까? 재밌겠지? 완전 기대되!' 이것 역시 도를 넘어서 약속 시간 전에 계속 생각했다.

그리고 친구와 논 후에는 놀았던 것을 계속 곱씹었다.

나의 문제점은 도를 넘어서 매일 이런 저런 생각들을 했다는 것이다. 그러다 문득 이런 생각이 들었다.

'나는 어디를 살아가는 것일까?'

과거? 미래? 매일 과거 생각, 미래 생각 하는데, 나의 현재는 어디에 있지?' '내가 존재하는 곳은 현재인데 나는 도대체 어디에 있는 걸까?' 슬프게도 아니면 다행이게도 현재를 살지 못했던 나의 모습을 깨달았다. 이런 현상은 대부분 현실 도피에서 일어났다고 생각한다. 궁극적으로 내가 공부하는 것이 힘드니까 이런 현실을 외면하려 했다. 꼭 공부가 아니더라도 자신이 하고 있고 해야만 하는 것을 피하고 싶을 때 이런 현상이 일어난다.

그래서 나는 내가 살고 있는 이곳 현실에 집중하기로 했다. 현실에 집중하기 위해 장기적인 관점과 단기적인 관점을 섞어서 사용한다.

등산을 예로 들면 이렇다. 나는 등산을 좋아하는 데 (체력이 좋은 것은 아니지만) 즐겁게 정상까지 올라가는 나만의 방법이 있다. 먼저 열심히 산에 오른다. 당연히 힘든 때가 오는데 그 시점에 정상을 바라봐 준다. 산 정상은 홀로 높이 솟아있고 웅장하며 아름답다. 갑자기 정복하고 싶다는 의욕이 생기면서 다시 힘을 얻는다.

그런데 어느 경우에는 산 정상을 바라봤을 때 너무 멀게 느껴져서 지금까지도 힘들었는데 얼마나 더 가야 한다는 건지 짜증이 솟구치고 포기하고 싶은 마음이 든다. 이럴 때는 산 정상에서 얼른 눈을 떼고 정말 발만 보고 걷는다. 과격하게 표현하면 '닥치고 전진'이다.

내가 앞으로 얼마나 많은 길을 가야 하는지 절대로 생각하지 않고 한발 한발에 집중하고 그 걸음에 뿌듯해 한다.

이것이 현재에 집중하는 방법이다. 현재가 1월이라 가정하면, 앞으로 다가올 수능 11월이 너무 멀게 느껴질 수 있다. 그럴 때는 얼른 1주일, 오늘 하루 아니 딱 한 시간 만이라도 아무런 생각하지 않고 내게 주어진 것에만 눈길을 줘야 한다.

돌이켜 보면 문제를 풀다가 짜증 나는 시점은 '이걸 언제 다 풀어, 왜 이렇게 많아' 이런 생각이 드는 때이다.

이 경우 장기적인 관점 대신 단기적인 관점이 필요하다.

반면에 내가 이 공부를 왜 하고 있나 싶을 때, 혹은 수능이 아니더라도 내가 왜 이러고 있나 싶을 때 장기적인 목표를 기억해 줘야 한다. 잊지 않고 계속 목표를 주시할 때 현재를 살아갈 힘이 솟아난다.

세 번째로 '시간이 왜 이렇게 안가?'라는 질문에 대해서 생각해 본다. 이런 질문을 하는 사람은 시간을 주체적으로 사용하지 못하고 있는 사람이다.

시간은 절대적인 시간과 상대적인 시간이 있다. 누구에게나 공평하게 주어지는 24시간은 절대적인 시간이다. 반면에 약속 장소에 정확하게 도착하여 친구를 기다리는 시간(애인을 기다리는 경우는 다르겠지만)이 지루해 느리게 가는 5분 10분은 상대적인 시간이라고 할 수 있다.

절대적인 시간과 상대적인 시간의 개념을 잊지 않고 시간을 사용해야 한다.

'시간이 왜 이렇게 안가?'라는 질문은 상대적인 시간 개념과 맞다.

고등학교 수업시간이 지루하게만 느껴질 때, 친구가 재미없는 소리를 할 때, 어색한 식사 모임 등등에서 상대적인 시간을 느낄 수 있다. 도대체 왜 시간은 안 가는 것일까? 당연히 지루하고 재미없기 때문이다. 그렇다면 재미없는 것을 재밌게 느낀다면 훨씬 시간이 빨리 가게 되지 않을까?

평범한 10대를 위한 특별한 이야기

고등학교 때 담임선생님께서 이와 관련한 자신의 일화를 들려주셨다.

학창시절 무서운 선생님께서 계셨는데 그 수업시간에는 절대로 딴짓을 할 수 없었다고 한다. 그런데 그 수업은 너무 지루해서 자칫 정신을 놓으면 잠에 빠질 위험이 있었다. 그래서 수업시간에 신생님의 말투외 행동 목소리 등을 집중해서 듣고 분석하셨다고 했다.

아이들이 수업시간을 지루해 하고 다른 공부를 하는데 당장 필요한 공부가 아니다 싶으면 차라리 선생님 말씀을 들으면서 통째로 외우던지 하는 방법으로 주어진 시간에 최선을 다해야 한다. 즉 '시간이 왜 이렇게 안가?'라는 질문은 시간 활용을 제대로 못하고 있다는 뜻이기 때문에 다양한 방법으로 해결해 나가야 한다.

시간 사용은 평생을 걸쳐서 해결해야 할 문제이다.

중·고등학교 시절에 이런 사실을 놓친 것이 제일 아쉽다. 그런데 '지나간 시간을 후회하는 시간도 아깝다'라는 말이 있다. 아쉬운 마음은 접고 기쁜 마음으로 당장 시간을 활용하는 연습을 해야 한다.

생각하는 힘을
길러야 해

멍 때렸던 나의 과거

고등학교 때 논술선생님께서 나에게 '넌 좀 생각을 해야 한다'라고 하셨다. 하지만 나는 당돌하게 반문했다. '무엇에 대해 생각해야 할지 몰라요. 그냥 아무 생각이 안 들어요!' 이 대답은 치기어린 마음이 아니라 진심이었다. 가만히 있으면 잡생각은 많이 나지만 그 뿐이다. 아마도 논리적으로 생각해낸다는 것이 나에게는 고통스러운 일이기 때문이다.

논술선생님께서 말씀하시길 '넌 왜 분량을 다 채우지 못하는 거니?'

난 항상 똑같이 대답했다. '할 말이 없는 걸요'

난 진심으로 말씀드렸다. 나도 내가 답답할 뿐이지 반항심 같은 건 전혀 없었다.

특히 교과서에 주관식으로 질문하는 문제가 있으면 생각하기 싫어서 짧게 쓰고 발표시키지 않기만을 바랐다. 결국엔 대학입학전형에서 논술 시험은 다 떨어지고 수능성적으로 대학을 갔고 재수 때도 수능 성적으로만 대학에 입학하였다.

스스로 생각하기, 처음엔 고통스럽지만 그 순간만 이겨내면 되는 것을!

평범한 10대를 위한 특별한 이야기

대학교에 입학해서 나에게 주어지는 수많은 과제를 보고 절망에 빠졌다. 어떤 과목이든 결국에는 글을 써야만 했으며 심지어 계산이 필요 없는 과목들은 서술형 시험이 대부분이었다. (나는 문과이다. 하지만 이과생들도 글쓰기를 잘해야 한다는 것은 요즘에 알려진 사실이다.) 한 문장 한 문장 써 내려가는 것도 힘겨워 했고 글쓰기는 단기간에 되는 것이 아니기 때문에 당장 글쓰기 문제를 해결할 방법이 없어서 절망적이었다.

근본적으로 스스로 생각하는 힘이 없어서 발생하는 일이라고 생각했다. 그리고 더 이상 피할 수 없음을 직감했다. 대학교 입학은 수능성적만 가지고 해결되었지만 앞으로는 어떤가? 회사에 가든지 어떤 직업을 갖든지 무엇을 하든지 스스로 생각해 내며 글을 쓰는 작업들을 해야 한다.

하지만 나에겐 이미 하나의 교훈이 있었다. 언어영역의 교훈! 언어영역은 공부해도 성적이 안 오른다는 말만 믿고 정말 공부 안 하고 시험성적이 떨어졌던 나의 과거! 이 교훈을 떠올리며 지금은 막막하지만 글쓰기도 생각하는 훈련도 하면 된다는 생각을 하게 되었다. 생각하지 않고 살았던 내 삶에 이 훈련이 얼마나 큰 고통이 될지도 모르는 일이고 언제쯤이나 되어야 스스로 생각하는 게 편해지고 글쓰기도 부드럽게 해낼지 모르는 일이지만 '그래도 시작하면 언젠가 되겠지'라는 용기를 갖게 되었다.

다이어트를 예로 들면 이렇다. 우리는 깨어있는 동안 먹는 유혹에 항상 노출되어 있기 때문에 다이어트는 정말 힘들다. 또한, 다이어트는 장기적인 관점에서 시작해야 하기 때문에 눈에 성과가 나타나지 않으면 답답하고 포기하고 싶어 금방 폭식해버린다. 그런데 인생 전체를 놓고 생각하면 몇 십년 중에 1년 동안의 다이어트는 지레 겁먹을 필요 없이 해볼 만한 것 같다. 지금 당장은 힘들고 1년의 세월이 길어 보이지만 인생 전체 시간 속에서 1년은 짧은 시간이다. 1년만 투자하면 건강한 몸을 얻을 수 있다.

생각하는 훈련도 마찬가지이다. 당장은 힘들지만 평생을 놓고 봤을 때 훈련을 일찍 시작할수록 이롭다. 처음의 고통스러운 관문만 통과하면 혼자 생각하는 것도 훨씬 편하고 재미가 붙는다. 생각하는 훈련은 대학교 진학에도 도움이 되고 대학 생활에도 그리고 어떤 직업을 갖던지 평생 모든 것의 기본 바탕이 된다. 그리고 나 자신을 돌아볼 때에도 생각하는 힘이 강력하게 도움이 된다. 나의 행동의 원인들을 짚어 나갈 때 생각하는 힘이 없다면 금방 지쳐버리고 포기하게 된다. 그리고 단지 유용한 측면을 떠나서 스스로 생각하는 것은 재밌다! (언젠간 재밌어진다.)

그럼 어떻게 시작해야 할까. 대단한 방법이 있는 건 아니다. 간단하게 일상생활을 되짚어 보면 이렇다. 집에 가면 TV, 컴퓨터 혹은 라디오 등을 켠다. 요즘은 하루 종일 스마트폰을 가지고 노는 사람들이 많다. 지하철 안, 버스 안, 버스나 지하철을 기다릴 때, 친구를 기다릴 때도 결코 손에서 스마트폰을 떼어 놓지 않는다. 스마트폰은 컴퓨터와 비슷한 기능을 하며 특히 인터넷 사용할 때는 스마트폰과 컴퓨터는 같다고 본다. 컴퓨터를 할 때 딱히 할 것도 없으면서 인터넷 세상을 돌아다니던 것이 이제는 스마트폰을 통해서 이뤄지고 있다. 스마트폰의 휴대성 때문에 우린 스스로 생각하는 대신 스마트폰에 의지해 시간을 보낸다. 이런 것도 아니라면 MP3를 들으면서 시간을 보낸다.

이 상황이 잘못된 것은 절대로 아니다. 그런데 이런 생활 속에서는 스스로 생각할 시간이 없다. 사람들은 시간을 보내기 위해 기계에 의지하는 것처럼 보인다. 생각할 시간을 확보해야 하는데 좀처럼 틈이 보이질 않는다.

일단 잠시 기계에서 멀어져 생각할 수 있는 시간을 확보한다. 생각하기 위해서 따로 시간을 비우거나 조용한 교외로 떠날 필요는 없다. 그런 경우는 중대한 사항이 있는 경우이고 일상생활에서 얼마든지 우리는 우리만의 시간을 만들 수 있다.

무엇에 대해서 생각할까?

무엇이든 좋지만, 가십거리나 미래에 대한 걱정 과거에 대한 후회 등은 하지 않는 것을 권장한다.

특정 사건에 대해 정치, 경제, 문화, 사회의 시각에서 생각을 하거나, 읽었던 책에 대한 느낌을 정리해보기도 하고, 수업시간에 배웠던 것을 기억해내려고 애써도 좋다. 음악을 들으면서 감상을 정리해 보고 왜 이 음악이 좋은지 어떤 부분을 좋아하는지 이유에 대해서 생각해본다. 꼼꼼히 생각하다 보면 어느새 기다리던 버스가 도착할 것이고 지하철을 타도 금방 도착지에 다다른다.

생각할 것이 없다고 징징대던 내가 깨달은 것은 INPUT이 있어야 한다는 사실이었다. 신문과 책을 읽던지 음악을 듣던지 많이 보고 무엇인가를 해야 일명 '생각할 소스'가 생긴다. 그것을 시작으로 생각을 계속해서 확장시켜 나간다.

쉬운 것처럼 보이지만 처음에는 이런 과정들이 힘들 것이다. 한 가지 주제에 대해서 지속적으로 생각해 내기도 쉽지 않다. 금방 잡생각이 들고 집중력이 깨져버리고 만다. 하지만 이런 과정을 수없이 반복하게 되면 어느새 자연스럽게 스마트폰에 의지하지 않고서도 스스로 생각하면서 즐거운 시간을 보내고 있는 자신을 발견하게 될 것이다.

마지막으로 자신의 생각을 글로 표현해보는 연습을 해야 한다. 평소 사물에 대한 생각, 사건에 대한 생각 등을 논리적으로 글로 정리해 보면 생각이 질서 정연하게 정리되는 것을 느낄 수 있다. 그리고 다른 것보다 자신의 감정을 글로 표현하는 것이 중요하다. 절망적이고 슬픈 감정들을 글로 표현했을 때 의외로 몇 줄 안 되는 경우가 있다. 감정들을 생각 속에만 가둬둔다면 생각이 생각을 키워 거대한 슬픔으로 변해 있을 것이다. 일기 등을 통해 어떤 형태든지 글로 표현하는 연습이 좋다.

'스스로 생각하기'는 장기 프로젝트이기 때문에 당장 변하지 않는다고 해서 좌절할 필요가 없다. 언젠가는 해낼 것이기 때문에 당장 시작하는 게 중요할 뿐이다.

마지막으로 나의 이야기를 정리하겠다. 처음에 이 이야기를 썼을 때 아무에게도 보여주지 못했다. 너무 사소해 보이고 속마음을 다 들킨 것 같아 부끄러운 마음이 들었기 때문이다. 하지만 친구들이 공감해주는 것을 보고 용기를 얻게 되었다. 사소해 보여 아무에게도 말하지 못한 속마음을 간직하고 있는 사람에게, 나도 다르지 않다는 것을 이야기해 주고 싶다.

10대 시절을 돌이켜 보면 마음은 답답하지만 원인도 모른 채 시간이 흐르는 대로 살았다. 마음속 깊은 곳에 우울한 감정들을 숨긴 채 밝은 모습으로 지내야 했다. 10대의 복잡한 감정, 생각들과 차분하게 마주하고 원인을 밝혀내길 바란다. 그리고 스스로 특별한 존재라는 것을 알고, 혹은 그냥 받아들이는 데서 시작하길 소원한다.

　글을 읽고 실천하는 것이 만만치 않은 일이라는 것을 안다. 서점에 가면 수없이 많은 자기계발 서적이 있음을 본다. 자기 계발 서적은 일명 성공한 사람들의 모든 것이 쓰여 있다. 그런데 왜 모든 사람이 행복하게 자신의 꿈을 이루며 살지 못하는 것일까? 역시 실천의 어려움에 관한 이야기이다. 실천하는 사람이 자신의 꿈을 이루는 것 같다. 이제는 우리가 꿈을 이루는 주인공이 되어야 할 때이다.

내 가슴에 귀 기울여 | **두 번째 이야기**

청년이여, 치열하게 읽고, 뜨겁게 생각하라

청년이여, 치열하게 읽고, 뜨겁게 생각하라

청년이여, 치열하게 읽고, 뜨겁게 생각하라

성공이란 진정 무엇인가

우리는 누구나 '성공'을 꿈꾸며 살아간다. 인간은 본능적으로 타인에게 자신의 가치를 인정받고 싶어하는 존재이기 때문일 것이다. 많은 사람 사이에서 두각을 보이기 위해 젊은 사람들이 고급차를 선호하고, 강남의 병원 등지에서 의술의 힘을 빌려 얼굴을 고치는 것도 이러한 심리가 작용한 것이라 생각한다. 그렇지 않고서야 뼈를 깎는 그 고통을 견딜 수 있으랴. 비슷한 고급차, 비슷한 콧날, 많은 20대 청년들이 단지 그런 목적을 향해 돌진하고 있다는 사실을 우리는 부정할 수 없을 것이다. 직업을 선정함에 있어서도 그러한 관점을 가지고 있지는 않은지 우려된다. 혹시 청년의 성공 기준이 연봉이라고 생각하는 사람이 있다면 나는 묻고 싶다.

진정한 성공의 척도가 무엇인지. 벤츠를 몬다고 그 사람이 벤츠처럼 고급스럽게 보이는 것은 아니다. 벤츠를 타고 천 원짜리 가치도 안 되는 말을 남발하는 사람을 많이 봤기 때문이다. 샤넬을 든다고 그 사람에게서 샤넬의 아름다움이 느껴지는 것은 아니다. 샤넬을 입고 앞서 말한 벤츠 탄 오빠를 좋아하는 사람을 많이 봤기 때문이다. 물론 개인의 권리와 선택의 자유는 자유주의 시대에 가장 두드러지는 규범이다.

맹목적인 물질주의 시대 속에서 성장한 우리들에게는 경제적 풍요가 최고의 성공일지도 모른다. 그러나 공존을 지향하는 도덕적 규범이 없는 사회는 급속도로 몰락한다는 것을 중학교 국사책만 봐도 알 수 있을 것이다. 사회 몰락의 예로 대중이 가장 기초적 가치인 도덕적 규범에 대한 의문을 품기 시작한다는 것이다. 우리는 물질을 넘어서는 인간 내면의 가치를 찾는 시기에 진입하고 있다. 그만큼 시대는 악해졌고, 특히 영혼은 기계처럼 건조해졌다.

일례로 최근 홍대거리에서 식사를 하다 잊지 못할 광경을 목격했다. 식당 창가에서 식사를 마칠 무렵 나는 생생하게 고양이 로드킬(도로나 길에서 자동차 등에 치어 죽음)의 모든 장면을 목격하게 됐다. 살아있는 생명체의 고통스러운 몸부림, 그 비참한 최후를 보고 정말 기분이 좋지 않았다. 징그럽기도 했지만, 그 장면을 어린 초등학생들도 목격하고 있었다는 것 때문이다. 그것도 매우 즐겁게. 참담한 광경을 보면서도 유쾌한 웃음과 환호성을 지르는 초등학생들의 모습에 나는 할 말을 잃었다. 고통 속에 몸부림치는 고양이의 모습을 자신들의 스마트폰으로 매우 즐겁게 촬영했다. 잔인한 광경을 보고 즐거워하는 아이들의 건조한 영혼을 목격했다. 내가 본 아이들의 얼굴은 마치 창백한 좀비와 같았다. 그 영혼이 훗날 어떤 성인이 될지 며칠간 머리에서 지워지지 않았다.

보통 그 나이 때에는 아무리 길고양이지만 죽음을 목격하면 슬퍼하고, 잔인하다고 느껴야 하는 것인데 아이들이 왜 즐거워했을까. 태어날 때부터 자극적인 영상매체에 노출되어 커가는 아이들, 그 아이들이 IT문화에 익숙해지기 시작하면 각종 음란물과 폭력물에 노출된다. 나와 여러분도 음란 비디오에 노출되어 그것을 끊기가 힘들지 않았나. 그러나 태어날 때부터 최고의 인터넷 기술이 발전한 속에서 성장한 아이는 커서 무엇이 될까. 이상하게도 기술이 발전할수록 인간의 두뇌는 퇴화하고 있다.

보통 어른들은 각종 강력사고를 보며 해당 범죄인들에게만 죄가 있다고 단정하고 정죄한다. 어떻게 사람이 그럴 수 있느냐고. 그러나 우리가 그런 사람을 만들어내고 있다는 사실은 애써

외면한다. 우리에게 음란함과 폭력성이 내재되어 있다면 행동하는 범죄인들과 다를 게 없다고 생각한다. 겉으로 깨끗한 척하는 우리의 위선적인 모습은 이미 범죄를 저지르고 있는 것일 수 있다. 우리는 늘 잠재적 범죄자다. 우리는 스마트폰으로 온갖 저질 매체를 접하는 초등학생들을 어떻게 효율적으로 통제하고, 윤리의식을 가지고 생명에 대한 소중함을 알게 할 수 있을까. 아이들이 생명에 대한 존엄성을 갖는 것조차 힘들다는 것은 결국 어른들인 우리의 잘못이다. 우리의 맹목적인 물질주의와 성공주의, 쾌락주의 숭배가 아이들을 좀비로 만들고 있는 것이다. 아무리 생각해봐도 바퀴에 얼굴이 끼어 즉사한 것도 아니고, 아주 고통스럽게 몇 분간 피를 쏟아내며 죽어가는 생명체를 본다는 것은 매우 불쾌한 일이다. 그러나 그 장면을 보면서 아무런 감정을 느끼지 못하는 아이들은 잠재적 범죄자일 가능성이 매우 높다. 그 아이는 분명 심리적 개선이 되지 않으면 문제를 일으킬 수 있고, 그렇게 만들어버린 사회는 또 후회를 할 것이다. 특히 부모가 된다는 것은 아이들을 훌륭한 사람으로 키워야하는 책무가 있다. 그런데 정작 자신은 만족스러운 삶을 살지 못하고 진정한 인간의 가치를 추구하지 않으면서 아이들에게 성공이나 올바른 삶을 가르치는 것은 불가능하다. 어린이들은 어른의 행동을 본보기로 삼는다. 즉 우리 어른은 아이들에게 잘사는 모습, 인간이 스

청년이여, 치열하게 읽고, 뜨겁게 생각하라

스로 올바른 사유를 할 때 가장 아름답다는 것을 보여줘야 한다.' 부모의 모범만큼 자녀에게 훌륭한 스승은 없다.

그러나 어쩌다가 우리 사회가 이렇게 되고 있는 것인가. 우리의 귀한 아이들이 벌써부터 무감각한 인지를 가지고 생명의 소중함을 모르고 살고 있는 것인가. 참담한 현실은 그 아이들이 우리나라의 미래를 감당하는 중추적인 역할을 부여받게 된다는 것이다. 슬프면 울고, 기쁘면 웃을 수 있는 것이 인간의 정상적인 모습이다. 이것을 기대하기가 어렵다는 것 자체가 맹목적인 물질주의, 성공주의를 지향한 이 사회가 심각하게 상처 입고 붕괴하고 있다는 반증이다. 이 외에도 우리는 청소년 살해 사건을 비롯한 심각한 강력범죄를 직·간접적으로 늘 목격하고 있지 않은가.

최근 논현동에서 일을 끝내고 새벽에 주차를 하고 있었는데 50대 아저씨들과 20대 여성들이 순서대로 차에 동승하는 모습을 목격했다. 이런 장면에 대한 이야기를 대충은 들어 알고 있었지만 직접 목격하니 여간 불편한 것이 아니었다. 예전엔 술집 여자와 아닌 여자가 구별되었었는데, 지금은 모두가 다 비슷해 보인다. 때론 억압받는 여성을 위해 글을 쓰고자 했던 마음이 그런 상황을 목격하고 사라져버렸다. 남성들이야 원래 그렇다지만, 요즘 여성들의 마음은 이해하기가 힘들다.

혹시 여러분은 명품 핸드백을 얻기 위해 영혼을 파는 행위를 하진 않겠지. 자기 딸 같은 아이와 무슨 짓일까. 그 아내는 알까? 자기 남편이 뭐하고 사는지, 엄마는 알까? 자기 딸이 뭐하고 사는지, 남편은 알까? 자기 아내가 외로워하고 있는지를 말이다.

모두가 미쳐가는 오늘날 세상에서 아름다운 빛을 지켜내고 살기가 어렵다. 사랑이 식어가는 이 세상에서 따뜻함을 지켜내고 살기가 힘들다.

우주에 점 하나도 안 되는 지구에 살고 있는 인간 따위가 늘 자신이 신인 줄 안다. 병실만 가 보더라도, 신이 내린 자유 의지를 자기 마음대로 쓰고 있으면서 정작 죽음의 문턱에선 그 당당함을 잃는 것은 무엇일까. 모든 것을 멈추고 고개를 들어 하늘을 쳐다보자. 우리는 우리에게 주어진 자유 의지를 맹목적으로 휘두를 때 우리사회가 심각하게 멍들고 있다는 것을 알 수 있다. 오늘날 마이클 센델 교수의 『정의란 무엇인가』라는 책이 불티나게 팔리고 있다는 것이 이를 반증한다. 그러나 그 책을 집은 사람은 그것을 폼으로 들고 다니면 안 된다. 책을 집기 전에 사람의 근원적인 악에 대해 생각해봐야 한다. 공리주의를 잘못 해석해서 윤리적 제어 장치 없이 고삐 풀린 망아지처럼 행동한 인류를 보자. 수많은 종류의 강력한 성병을 만들어 내 스스로 고통 속에 하늘을 원망하고 있지 않나. 또한 우리는 건전한 자본주의

가 신자유주의로 변질돼 수많은 사람들이 스스로 목숨을 끊는 안타까운 일들이 벌어지는 것을 목격한다. 모든 이익의 초점과 원망과 비겁한 합리화가 자신에게만 초점이 맞춰져 있기에 사회는 일보의 전진도 시원하지 않는 것이다. 사람이 짐승처럼 변하는 순간, 그 순간이 사회가 야생이 되고, 폭도가 일어나고, 몰락이 시작된다는 것을 역사를 통해서 수없이 목격했다. 따라서 우리 인간은 여전히 짐승만도 못할 때가 있다. 우리 모두는 그런 삶을 동경하고 살아오지 않았는가.

그러나 잠시 생각해보면 우리는 맑고 아름다운 아이였었다. 우리는 왜 그 순수함을 잊고 사는 것일까. 깨끗함을 추구하는 게 이상해진 시대를 살고 있는 존재가 우리다. 비상식이 상식인 사회에 살고 있는 것이 우리다. 그러나 우리는 지금 변혁을 일으켜야 한다. 사람이 사람답게 사는 세상이 살 만한 세상이다. 왜 외치지 못하는 것인가. 그것이 잘못된 길이라는 것을! 이제는 외쳐야 한다. 따라서 나는 성공의 의미를 재정립하고 싶다. 명품을 들면서 썩어 없어질 껍데기를 치장할 것이 아니라 영원히 기억되는 명품의 영혼을 소유하라고 말이다. 그리고 그런 명품의 영혼을 소유한 리더가 세상을 변혁시킨다. 그런 리더들이 모인 사회가 강력한 힘을 지녀 세계로 진출할 수 있는 교두보를 형성한다.

인간의 존엄성과 가치는 스스로 생각하는 존재로 살아갈 때 극대화 된다. 물론 어떻게 생각을 이끌어 가는지도 매우 중요하다. 스스로 생각할 수 있는 힘을 지닌 사람은 자신에 대한 자긍심을 가질 수 있다. 많은 사람들이 자살을 하는 이유도 자기에 대한 사랑이 부족하기 때문이라고 생각한다. 자신에 대한 존중이 없으니 명확한 비전이 성립되지 않는다. 비전이 없는 사람은 일상이 무료하기에 삶에 대한 흥미를 잃어버린다.

백날 자동차, 핸드백으론 분명 한계가 있다. 인간에겐 물질보다 위에 존재하는 영혼이란 것이 존재하기 때문이다. 이러한 악순환을 끊기 위해서 치열하게 생각해봐야 한다. 단 한 번의 귀한 삶을 대표하는 각자의 비전을 세워야 한다.

극단적으로 표현하면 목에 칼이 들어와도 외칠 수 있는 당당한 신념을 지녀야 한다. 그런 신념이 그대를 험난한 세상 속에서 살아 움직일 수 있게 해준다. 흥미롭게도 그런 사람이 위험을 겪기보다 오히려 자기발전 속에서 오래 산다. 그러나 자신에 대한 존중도 없이 당당하지 못한 사람은 자극적인 것, 외설적인 것에 흥미를 느낀다. 그마저도 자신의 영혼이 파멸로 이끌려가는 것을 몰락 후에 알게 된다. 한 가지 명심해야 할 사실은 지나친 자긍심은 자칫 교만으로 이어져 앞서 말한 사람들을 경멸의 눈으로 바라볼 수도 있다. 따라서 자신의 삶에 대해 진정으로 가치 있게 생각할 줄 아는 사람은 타인의 삶도 귀하게 여기고 존중할 줄 아는 사람이다.

스스로 사고하고 있음이 타인에게도 느껴지는 사람의 모습이야말로 인간으로서 가장 귀한 덕목이라고 생각한다. 이러한 가치를 내 개인적인 인생을 통해 증명해 보이려고 한다. 나는 늘 사고뭉치였고, 술, 담배, 클럽, 음란물 등 쾌락적인 것들을 대다수 경험해 봤다. 흔히 말하는 '루저'의 삶을 살아왔다. 인내심도 부족해 무엇 하나 내 힘으로 성취라는 것을 해본 적이 없기 때문이다.

늘 사랑을 주기보다 받기만 했다. 주변 사람들에게 좋은 기억으로 남겨지기보다 나쁜 기억으로 남겨지도록 행동했다. 그 때문에 부모님을 많이 힘들게 했다. 친구들에게 상처를 많이 줬다. 학창시절에 사람을 구타해본 적도 있다. 나를 오랫동안 지켜본 동생들은 내가 무서웠다고 한다. 이제야 변화된 나의 모습을 보고 내게 말을 걸기도 한다. 20년 만에 말이다. 나는 늘 인상을 쓰고 다녔고, 늘 사람을 향한 증오감에 몸만 단련하고 살았다. 우리 어머니는 늘 내가 온유한 자가 되도록 간절히 기도하셨다. 그러므로 나는 참 나쁜 사람이었다. 지금도 물론 나쁜 본성과 늘 싸우고 있다. 그러나 세상이 만들어 놓은 틀에 맹목적으로 끌려갔던 한심한 나도 지금처럼 여러분께 글을 쓰는 놀라운 변화를 이야기하고 있지 않은가.

  최대한 진솔하게 풀어가고자 하는 내 삶의 이야기가 그대의 영혼이 명품이 되는 데 도움이 되길 기대한다. 변하고자 하는 의지가 있는 그대가 이 나라와 민족을 위해 귀하게 쓰임 받는 따뜻한 사람이길 기원한다.

삶을 뜨겁게 사랑하고, 치열하게 생각하라

지난 20대를 대표하는 낱말이 뭘까 생각해 본 결과 분노, 쾌락, 열등감, 패배감 등이 나를 대변했던 것 같다. 꿈이 없이 단순한 성공만을 지향해 왔기에 학업에 집중할 수 없었다. 대학은 삼수에 걸쳐 간신히 입학했고, 간신히 졸업유예를 해가면서 학점을 채워 졸업했다. 그러니 취업도 원하는 대로 될 리가 없었다. 자초한 패배감에 늘 체육관에 들러 몸이나 단련하고, 그 분노를 친구들과의 술자리나 길거리에서 풀었다. 학업에 열정이 없고, 그나마 두각을 나타내는 운동에 흥미를 느끼며 격투기 선수를 꿈꿨던 것도 허리부상으로 인해 급히 접어야 했다. 절망의 연속 가운데 원인 모를 피부질환은 나를 더욱 힘들게 했다. 조금만 자극적인 음식을 먹으면 온 몸에 거대한 반점이 생겨 외출을 하기가 어려웠다. 심할 때는 심장에

청년이여, 치열하게 읽고, 뜨겁게 생각하라

이상이 생겨 응급실에 실려 가기도 했다. 병원에선 특이한 질병이라 어쩔 수 없다고 했다. 나는 번데기 하나로 죽을 수도 있는 나약한 인간임을 느꼈다. 시간이 지날수록 삶의 의미는 사라지고, 그렇게 내 영혼은 파멸의 길로 가고 있었다. 모든 것이 최악이었고, 모든 것이 남들보다 뒤쳐졌기에 군대도 20대 중반에 갔다 왔다. 흔히들 군대가 인생의 전환점이 된다고 하기에 허리부상으로 현역으로 가지 않아도 되는데 굳이 육군에 지원했다. 남들이 예비군에 갈 때 입대하는 것처럼 모든 것이 엉켜버린 인생이라고 생각했기에 입대는 내게 마지막 기회였다.

좌절 속에서 마지막으로 인생의 의미를 간절히 찾고 싶었다. 그러던 중에 부모님 서재의 책들이 눈에 들어왔고, 그 후 지금까지 삶의 의미를 찾기 위해 혼신을 다해 책을 읽었다. 약 7년에 걸쳐 1,000여 권의 책을 읽었다.

물론 책을 읽는다고 당장 성과가 눈에 보이진 않는다. 목숨 걸고 책을 분석하는 것을 포기하고 싶은 순간이 많았다. 그러나 절망 가운데서 이 과정마저 멈춘다면 나는 영원한 심연으로 빠질 것이 분명하기에 도전을 멈출 수 없었다. 내 자신이 능동적인 사고를 할 수 있는 영혼을 소유하기 전까지 말이다.

다양한 책들을 접하면서 나는 자연스레 책에 대한 느낌을 미니홈피에 적기 시작했다. 작문 실력이 늘어갈수록 취업을 위한 이력서 쓰기도 수월해졌다. 그러나 생각보다 세상은 만만하지 않았다. 200여 개의 이력서를 정성들여 썼지만 합격을 보장받기는 어려웠다.

독서로 다잡은 정신이 취업난으로 인해 무너지려는 순간 내 인생을 완전히 변화시킨 사건이 일본에서 발생했다. 바로 2011년 3월, 전 세계를 놀라게 했던 일본 동북부 대지진이다. 140년만의 강진으로 일본 전역이 충격으로 휩싸인 가운데 책으로 얻은 정신력 훈련을 극대화하기 위해 4월, 5월 두 차례 지진현장인 이시노마키, 센다이 지역에 곧바로 달려갔다. 그곳은 각국에서 구급대원을 파견하려다 방사능과 여진으로 인해 기피했던 곳이다. 절망스러운 인생을 살아가는데 최선의 방법은 강인한 정신력을 키우는 것밖에 없다고 생각했다. 그리고 그러한 과정에서 분명 삶의 의미를 찾을 수 있다고 생각했다. 일본이란 나라 정체성 때문에 갈등이 있었지만, 지진현장의 위험은 크게 신경 쓰지 않았다. 단지 일본에 대한 나쁜 감정을 품고 있었기에 망설였지만, 최악의 상황은 정신력을 극대화시킬 수 있는 최고의 기회라고 생각했다. 솔직히 그런 지진이 그 당시에 중국에서 발생했으면 중국에, 필리핀이면 필리핀에 갔을 것이다. 내겐 삶의 의미를 찾는 것이 그토록 중요했다. 마음을 굳건히 다잡은 후 인천공항에서 출발하여 도쿄 나리타에 도착했다. 그 곳에서

청년이여, 치열하게 읽고, 뜨겁게 생각하라

다시 버스로 밤새 달려 도착한 곳이 이시노마키에 위치한 센슈대학이다. 센슈대학엔 다양한 국가에서 일본을 도와주러 온 용기 있는 사람들이 생각 외로 많이 와 있었다. 그런 모습이 위안이 된 것도 잠시 아침이 되어 이동한 지진현장은 수많은 차량과 배들이 서로 엉켜 찌그러져 있었다. 거대한 파도의 힘으로 파괴된 건물 등은 공포 그 자체였다. 건물 상단에 꽂힌 자동차, 해안에 있어야 할 배들이 주택가에 옮겨져 있는 모습, 뼈대만 앙상하게 드러난 공장의 모습 등이 충격적이었다. 재난영화 세트장과 같은 곳이었다.

특히 유치원에서 복구 작업을 할 땐 1층에 있던 아이들 대부분이 사망했다는 말에 일본인이지만 슬픔이 극대화된 것도 사실이다. 반대로 2층에 있던 아이들은 부모님의 시신도 찾지 못한 채 곤히 잠들어 있었다. 그 당시에는 '인종'과 '국가'보다 '인류'가 더 중요했다. 유튜브로 본 끔찍한 영상들이 머릿속을 가득 채웠다. 특히 사람이 물에 휩쓸려 죽는 장면에 등장했던 마을에 내가 있다는 것이 믿기지 않았다. 수많은 사람의 목숨을 앗아가고 처참히 파괴된 그 현장 한복판에서 내가 할 수 있는 것은 아무것도 없었다. 특히 보이지 않는 방사능과 여진의 공포가 날 사로잡았다. 거대한 쓰나미가 몰려온 바다가 보이는 매우 가까운 곳에서 일했기 때문이다. 오직 용기를 내고 다양한 국가에서 온

외국인들 앞에 담대함과 사랑을 보여주는 것이 유일한 도전이었다. 엄청난 충격으로 인해 바다 깊은 곳부터 끌어올려진 에너지는 모든 부패물들을 해안가로 끌고 왔다. 타르처럼 보이는 검고 끈적끈적한 독성물질은 사람의 모든 신체기관의 구멍을 막아 죽음을 맞게 했다. 특히 그 물질을 제거하는 작업 때 일부 대원들이 호흡곤란을 일으키기도 했다. 작업을 하면서 묻은 그 물질은 내 피부에 발진을 일으키기도 했다. 그 심각한 오염물질은 사람의 입으로, 코로 들어갔다. 그렇게 사람들은 자연 앞에 대응 한 번 제대로 하지 못하고 매우 고통스럽게 삶을 마감했다. 따라서 위험한 현장에서 하는 작업을 꺼리는 사람들도 있었다. 특히 남의 일에 관심을 갖지 않는 습성이 있는 일본인들의 답답한 면을 본 것도 사실이다.

그러나 내게 있어 처참한 현장은 최고의 학습현장이었다. 죽음의 현장에서 인간이 내세울 수 있는 가치가 무엇일까 고민했다. 그것은 강인한 정신력과 부드러운 용서 그리고 담대한 비전을 가진 영혼을 소유하는 것이었다. 따라서 다른 나라 사람들보다 먼저 건물붕괴 지역에 적극적으로 들어가고, 동물사체와 같은 혐오스러운 것들도 망설임 없이 치웠다. 남들이 건물 잔해를 옮기는 양의 3~4배를 수레에 더 실어 정말 열정적으로 날랐다. 팔이 빠질 듯이 아프고, 온 몸에 상처도 많이 났지만 내 머릿속

청년이여, 치열하게 읽고, 뜨겁게 생각하라

은 오직 강해져야겠다는 정신 그것뿐이었다. 그 정신마저 소유하지 못하고 한국에 돌아간다면 나는 또 절망 속에 허우적댈 것 같았기 때문이다.

세계인과 함께하는 자리에선 작은 행동까지도 국가 브랜드 이미지에 연결된다고 생각하여 적극적인 모습으로 헌신하고 왔다. 각국의 NGO대원들은 이런 내 모습을 신기해하며 내게 국적이 어디냐고 물었다. 자랑스럽게 한국인이라는 것을 말하며 쉽게 접근할 수 있는 이야기로 대화를 시작했다. 이어서 중국, 몽골, 일본인들과 슬픈 역사를 되풀이하지 말자고 열정적으로 대화를 나눴다. 서로가 서로를 유린했던 우리들이 지구촌 공동체라는 명목으로 원수를 사랑하는 것이 가능함이 신기했다. 이처럼 아이러니한 기분이 든 것도 사실이지만 밝은 미래에 대해 희망을 갖자고 서로 다짐했다.

비록 유창한 영어를 사용하진 못했지만 진심이 전해지는 동기유발로 대부분의 대원들이 적극적으로 작업에 임했다. 특히 일본 NGO리더를 통해 함께 일한 일본인들이 한국인에 대해 긍정적인 인식을 갖게 됐다는 말에 뜨거운 자부심과 보람도 느꼈다.

위안부, 독도문제 등으로 교만한 그들을 진심으로 품기가 사실 쉽지 않았기 때문이다. 일본은 대대로 이어진 동아시아 제국의 잘못된 자부심으로 가득 찬 민족이다. 그런 콧대 높은 그들이 우리 봉사대원들에게 90도로 허리를 굽혀 인사하는 장면은 평생 잊지 못할 것이다. 그들은 답례로 전통 민요를 불러주었고, 눈물로 내 손을 잡아주기도 했다. 강인해 보이고, 건조해 보이는 일본인 내면에도 깊은 외로움이 존재한다는 것을 느낄 수 있었다. 상상할 수 없는 일을 겪어보니 용서는 무력보다 더 큰 일을 할 수 있다는 가능성을 발견할 수 있었다.

최악의 상황에서 최고의 경험을 했던 내가 깨달은 것은, 바로 절망 가운데서 견딜 수 있는 것은 담대한 포부와 비전을 국민이 소유하고 있느냐다. 연평도 포격 사건을 통해 불안에 떨며 우왕좌왕했던 우리가 대지진과 같은 상황에선 의연하게 대처할 수 있을까? 우리도 전쟁이나 기근, 자연으로 인한 여러 가지 위험에 늘 노출되어 있다. 일본이 지진으로 피해를 입었다고 좋아할 문제가 아니다. 바로 그런 일이 우리에게도 종류만 다르게 일어날 수 있다는 것이다.

죽음의 현장을 겪고 난 뒤 알 수 없는 열정이 나를 뜨겁게 흔들고 있었다. 한국에 돌아와서 나는 두 가지 생각으로 치열하게 고민을 했다. 그 현장을 통해 내가 발전하고, 잘 할 수 있는 일이 무엇이며, 나아가 우리사회가 발전하는 방법이 무엇일까?

첫 번째 생각은 일본이란 국가브랜드의 힘이다. 우리는 일본을 세계에서 제일 무시하는 나라다. 그러나 그들보다 우리 국가

브랜드의 가치가 낮은 것은 슬프게도 사실이다. 세계 속에서 일본인에 대한 신뢰는 상당히 높다. 자원도 거대한 대륙도 아닌 섬나라에 불과한 일본이 세계 경제를 주름잡았던 이유는 무엇일까. 그것에 대한 해답을 찾기 위해 그해 8월에는 일본 전역의 주요도시를 돌아다니며 그들의 일상을 연구해보기도 했다. 일본의 거리는 매우 깨끗했으며 그들은 공공장소에서 괴성을 지르지 않았으며, 일본의 도로에서 경적소리를 듣는 일도 드물었다.

두 번째 생각은 최악의 대재난 속에서도 그들은 신기할 정도로 의연하게 대처했다는 것이다. 일본국민의 강인한 정신력을 느낄 수 있었다. 혼란 속에서도 이재민들은 구호품을 받기 위해 긴 줄서기를 준수했다.

쓰나미로 파괴된 후쿠시마 원자력 발전소 동료들을 구하기 위해 일부 시민들은 방사능 피폭을 기꺼이 감수했다. 또한 파괴된 건물의 잔해를 느리지만 깔끔하게 치워가는 그들의 모습은 인상적이었다. 보통 다른 국가의 NGO대원들은 눈에 보이는 것만 치우고 다른 곳으로 이동한다. 그러나 일본인들은 단 하나의 잔해도 용납하지 않는 것 같았다. 수 년이 걸린다는 정부의 발표에도 그들은 개의치 않는 것 같았다. 작업 중에 쓰러졌던 일본 여성은 일어나자마자 다시 위험한 현장으로 돌아갔다. 그들의 작업방식을 보면 매우 체계적이고, 마치 공통으로 따르는 매

뉴얼이 존재하는 듯 했다.

『국화와 칼』을 읽어보면 일본의 본성이 얼마나 독한지를 알 수 있다. 그들은 그런 강인한 정신력을 바탕으로 자신들의 야욕을 실현할 수 있었던 것이다. 그들이 칼을 갈 때 그들에게 유린당한 우리는 평화롭게 술과 사대주의에 취해 있었다.

최악의 상황을 극복할 수 있는 비결은 결국 어떠한 상황에서도 견딜 수 있는 강인한 정신력이다. 그들을 보며 국가 브랜드와 정신력을 강화시킬 수 있는 현실적인 방법이 무엇일까 생각해 내린 결론은 국민의 독서력이다. 이전에 UN본부가 조사한 세계 청소년의 평균 독서량의 순위를 보면 미국이 독서량 세계 1위, 일본이 2위를 차지했다. 세계의 연간 청소년 독서량은 미국 청소년이 6.6권, 일본이 6.1권, 프랑스 5.9권을 기록했다.

논리적 비약일 수도 있지만 독서량과 국가브랜드 파워의 순위가 비례한다는 것을 알 수 있다.

일례로 일본의 전통적인 고서점, 진보초라는 곳이 있다. 이곳은 2차 세계대전 당시 연합군이 도쿄 시내를 초토화했음에도 온전히 보전돼 있었다. 그것은 바로 세르게이 엘리세프라는 하버드대학 교수가 맥아더 장군에게 진보초를 폭격하지 말 것을 신신당부했기 때문이다. 미국이나 일본은 서로 적국임에도 책의 가치에 대해 알고 있다. 생각하는 인류가 더 큰 파멸을 막을 수 청년이여, 치열하게 읽고, 뜨겁게 생각하라

있기 때문이라는 것을 그들은 알고 있지 않았을까. 물론 미국과 일본의 젊은이들은 자신들의 선배들이 일궈 놓은 독서열풍을 식어가게 하고 있다. 윤리적 제한의 도구가 사라진 막무가내 공리주의를 즐기고 있는 그들은 지금 급속도로 몰락하고 있다.

그렇다면 대한민국의 객관적인 상황은 어떨까. 한국만큼 미국과 일본을 무시하는 나라도 없을 것이다. 아무래도 역사적 슬픔이 만들어낸 자괴감 섞인 자신감일 수도 있다. 우리는 그들을 '양키'와 '쪽바리'로 지칭한다. 그러나 명백한 현실은 그들이 몰락하고 있어도 현재까지 세계는 그들을 주연으로 인정하고 있다. 애플과 도요타, 할리우드와 소니뮤직 등 지구촌 사람들에게 그들이 만들어낸 물건과 문화는 명품이란 가치로 인정받고 있다. 우리나라는 과연 세계인들 속에서 어떠한 가치로 인지되고 있을까?

최근 조사에 의하면 한국 인구의 40%가 1년에 책을 한 권도 안 읽는다고 한다. 또 1990년대에 5천 개가 훨씬 넘었던 서점 수가 2천 년대에 들어서 그 반 정도로 줄었다. 그렇다면 세계 10위권의 경제 강국인 한국청소년의 독서수준은 어느 정도인지 조사결과를 찾아봤다. 충격적이게도 한국 청소년들은 연간 0.8권을 읽는다고 한다. 즉 한국청소년들의 독서량은 세계 166위에 해당한다. 경제력의 높은 순위에 비해 지성은 바닥의 순위를 면치 못하고 있다. 졸부를 연상시키는 순위 결과 아닌가.

　세계를 휘어잡고 있는 유대인들은 학교 교육에서부터 독서를 매우 중요시한다. 특히 이스라엘의 학생들은 등교 후 바로 자신이 읽을 책을 3권씩 빌려온다고 한다. 하루에 3권의 책을 읽고 요약문을 작성하기 위해서다. 도서관 사서는 아이들의 독서를 위해 철저히 교육을 한다. 자연스럽게 꾸준히 책을 읽으며 13년간의 의무교육을 마치면 약 1만 권 정도의 책을 읽게 된다고 한다. 유대인의 집에 유난히 많은 것이 있는데 그것이 바로 그릇과 포도주 그리고 책이라고 한다. 그릇과 포도주는 철저한 신앙생활을 하기 위함이고, 책은 바로 그들의 왕성한 독서에 대한 사랑과 열정이 있기 때문이다.

　결국 유대인은 UN, WTO, IMF, 미국 연방준비은행 등의 고위직을 차지하고 있다. 우리의 삶은 좋든 싫든 그들이 창조한 세계질서에 의해 삶을 끌려가고 있다. 13년 동안 13권과 1만 권의 독서량의 차이가 민족의 역량에 비교조차 안 되는 것은 당연한 것이 아닌가.

　우리나라도 분명 장점이 많은 나라다. 우리는 근면하고, 정이 많고 무엇보다도 열정이 있다. 그러나 안타깝게도 지혜가 부족한 경우가 많다. 슬픈 현실이다. 세계 노벨상에 평화상을 제외하고 아직까지도 국력에 비해 노벨상 수상자가 터무니없이 부족하

청년이여, 치열하게 읽고, 뜨겁게 생각하라

다. 이것이 우리나라의 브랜드 가치를 보여주는 하나의 척도가 될 수 있다는 것에 반대할 사람이 있는가.

최근 정치권에서 논문 표절문제로 혼란스러웠던 적이 있었다. 베끼는 것과 모방은 다른 것이다. 치열하게 숙고하고, 습득하는 과정이 없는 단순 복제는 말 그대로 불법이다. 그렇게 신속한 지식창출의 과정에서 과연 진정한 학문의 진보가 발생될 수 있을까? 우리는 공부도 정당한 땀을 흘려야하는 과정이 반드시 수반돼야 함을 인정해야 한다. 그래야 진정한 발전이 가능하다. 그것이 합리적으로 국가브랜드 상승에 더 효율적이지 않은가?

독서를 하는 사람이라고 모두가 아름다운 지성인이자 지혜로운 교양인이라는 것은 아니다. 수천 권의 책을 읽은 사람이 굉장한 권위주의자거나 사기꾼이거나 교조주의적인 사고를 가진 사람인 경우도 얼마든지 존재하기 때문이다. 특히 그런 사람들로 뭉쳐진 곳이 제국주의 사상으로 동아시아를 탄압한 일본 아닌가. 그러나 결과적으로 독서는 사람이 생각할 수 있게 만드는 힘을 길러준다고 생각한다. 책은 사람이 사람다워지는 힘을 길러주는 훌륭한 도구이자 인류를 이끌어 온 희망이기 때문이다. 그래서 선진국들은 읽는 것에 대한 가치를 알고 있었기에 적국의 심장 속에 위치한 진보초를 보존해준 것이 아닐까. 책은 한 나라의 존망에도 큰 영향을 미친다는 것을 알 수 있다. 이러한 강렬한 깨달음이 내 인생의 방향을 급진적으로 변화시켰다.

촉감이 있는 종이책의 힘과
파급력 있는 블로그

동물과 달리 인간은 생각할 때 가장 아름다운 존재라는 이야기는 진부하다. 그러나 이 진부한 법칙이 앞서 말한 형편없는 나를 가치 있는 존재로 바꿔준 일들을 소개하겠다. 우리가 다시는 일본과 같은 외세의 침입을 받지 않기 위해선 강인한 정신력과 지혜를 쌓아야 한다. 그리고 그들보다 더 큰 꿈과 사랑을 품고 실천해야 한다. 담대한 국민이 뭉쳐진 이 사회가 강인한 나라를 만들어낸다고 생각한다. 그러나 우리나라 인구의 40%가 생각하지 않는다. 1년에 1권의 책도 읽지 않는다는 보고가 거짓이 아니라면 말이다. 실질적으로 거의 대부분의 국민이 생각하지 않고 산다는 것을 의미한다. 그러니 불만만 이야기하는 사회가 되어가고 있는 것이다. 나침반의 동서남북 방향으로 서로가 앞만 보고 돌진하는 사회다. 그러니 분열만 일어나는 것이다. 때론 뒤를 돌아 원점을 향해 소통하고 화합하는 시선도 필요하다. 이처럼 많은 사람들이 책에 대해 피상적으로만 중요하다고 여기는 것 같다.

그러나 내게 있어 책은 신분을 움직이고, 세상을 변혁시킬 수 청년이여, 치열하게 읽고, 뜨겁게 생각하라

있는 가장 강력한 원천이자, 실질적인 전략이다.

저명한 미래학자 엘빈 토플러는 다음과 같이 독서를 예찬했다. "미래를 상상하는 데는 독서만큼 유용한 방법이 없다. 그것은 저자가 오랜 세월을 바쳐 연구한 것을 짧은 시간에 자신의 것으로 만들 수 있는 효과적인 방법이기 때문이다.", "독서는 미래를 지배하는 힘과 커뮤니케이션하는 능력을 길러준다. 미래를 예견할 수 있도록 해준다.

어떤 직업을 선택하든 꾸준한 독서를 통해 지식 습득을 게을리 하지 마라." 까칠한 철학자 쇼펜하우어도 독서를 예찬했다. "독서는 우리가 구사할 수 있는 천부적인 재능을 촉진시킨다." 우리는 읽어야 한다. 우리는 짐승과 다른 지성을 소유한 고귀한 영혼을 가진 존재 아닌가.

피터 드러커의 『Next Society』에서 보듯이 지식정보화시대에 양질의 지식을 자신의 것으로 융합할 줄 아는 사람이 주목받는다. 그들은 그것을 책 속에서 찾아낸다. 따라서 독서가 현대판 계급 사회에서 오피니언 리더가 되는 지름길이라고 생각한다.

우리 모두는 세상 속에서 힘들고, 지칠수록 자신을 더욱 단련해야 한다. 그 누구도 대신할 수 없다. 나 같은 사람, 나처럼 격투기 선수를 꿈꾸고, 학교보다 여러 종류 체육관에서 육체적인 훈련만 했던 부족한 사람도 이제 피터 드러커의 정신이 이해가 된다. 『정의란 무엇인가』를 단지 폼으로 들고 다니기 전에 존 스튜어트 밀의 『공리주의』를 공부하고 싶은 열망이 생긴다.

잘하는 것 하나도 없는 내가 일본에 다녀온 뒤 유아교육학 박사들 앞에서 창의성에 관련된 발전방안에 대한 의견을 제시했다. 학부모들 앞에서 강의를 하고, 대학교재의 편집을 했다. 현재 한국무역협회 Daily Trade News 출신인 김종춘 저자와 경영전략서를 공동 집필 작업 중에 있다.

무엇보다 중요한 것은 바로 지금 여러분께 이 글이 읽혀지고 있는 것이다. 이 얼마나 의미 있는 변화인가. 물론 누군가에겐 이런 일들이 상대적으로 사소한 것처럼 보일 수 있다. 그러나 앞서 말한 대로 나는 엘리트의 길을 걸어오지 않았다. 따라서 최악인 내가 최고의 전문가들과 함께 글을 쓰고 의견을 나눈다는 것 자체가 내게는 기적이다. 좌절 속에서 꿈이 없어 때로는 자살을 생각했던 사람이 바로 나였기 때문이다.

지금은 대한민국 No.1 북트레이너란 이름으로 블로그 활동과 북트레이닝 강의를 하고 있다. 특히 100명이 넘는 청소년과 청년들 앞에서 우리가 왜 읽어야 하는지를 주제로 강의 할 때는 감회가 새롭다. 그리고 현재 「소심불패」, 「베끼고, 훔치고, 창조하라」의 김종춘 저자와 함께 불패경영아카데미의 강의를 진행하고 있다. 이외에도 다양한 분야의 리더들을 만날 수 있는 기회들이 있었다. 이 모든 일이 SNS를 이용한 글쓰기에서 비롯된 사실이기에 이 뜨거운 열정을 여러분께 전달하고자 한다.

세상은 우리가 생각하는 것보다 훨씬 다양하다. 다양한 인종의 친구들, 다양한 종류의 책들을 만나보면 볼수록 이 작은 지구에서 벌어지는 일들을 자신에게 유리하게 이용하는 것은 역시 양질의 지식을 지혜로 만드는 사유뿐이라는 것을 깨닫게 된다. 이러한 간절함이 여러분께 전달되길 바란다. 다시 한 번 말하지만 나처럼 패배의식에 찌들었던 사람도 의미 있는 인생을 살아가고 있다. 난 여러분의 인생이 가치가 있는 삶, 신념이 느껴지는 삶이길 진정으로 기원한다. 우리는 지금 싸울 때가 아니다. 서로 소통해야 할 때다. 서로가 뜨겁게 사랑해야 한다. 책과 사랑, 그것을 대중화시키고 싶은 것이 내 간절한 소망이다.

앞서 말한 대로 나는 책을 미친 듯이 읽었다. 전자책이 유용하다고 주장하는 시대지만 종이로 만든 책이 내 삶을 극적으로 변화시켰다. 오늘날 많은 사람들이 이제 곧 영상매체가 인쇄매체를 완전히 대체할 것이라고 주장한다. 그러나 내 개인적인 생각은 그런 일이 발생하면 안 된다. 오랜 세월 종이로 만든 활자매체를 읽음으로써 인류가 얻어온 가치와 지혜를 영상매체가 모두 해결해 줄 수 없기 때문이다. 가만히 생각해보자. 우리는 종이 신문 대신 인터넷 신문을 읽는다. 기사의 자극적인 제목을 클

릭해보면 내용은 제대로 읽지 않고 곧바로 댓글의 반응을 보기 위해 아래로 향하지 않는가? 종이로 만들어진 신문기사와 달리 인터넷은 우리가 숙고하기를 기다려주지 않는다. 글에 의심이 생기면 다시 한 번 돌아가서 확인하기도 쉽지 않다. 또한 바쁜 일이 생겨 읽다가 덮어버리기도 어렵다. 그래서 종이로 만든 매체, 책을 권한다. 책은 손으로 만지면서 언제든 되새김질을 할 수 있고, 밑줄을 긋고, 자신만의 생각을 책 속에 표시하며 정리를 할 수 있다.

오늘날 같이 빠르게 돌아가는 IT시대에 종이책을 읽는 일만큼 매우 느리게 해야 하는 일은 없을 것이다. 인터넷의 신속함에 노출돼왔던 그대가 책을 멀리 하려는 충동을 느낄 수 있는 것은 당연한 일이다. 그러나 종이로 만든 책에서 얻는 통찰과 깊은 감동은 분명 그대에게 의미 있는 순간으로 기억될 것이다. 이러한 가치를 알고 있는 각 분야의 리더들은 잘 알고 있다. 그들은 첨단시대를 만들어 대중의 눈과 생각을 편하게 정리해주지만, 정작 자신들은 첨단기기의 이용을 능동적으로 절제할 수 있는 능력이 있다. 아이러니하게 그들은 첨단시대가 될수록 독서는 경영전략과 리더십을 만들어내는 바탕이 된다고 주장한다. 인터넷 발달과 스마트폰 사용 등으로 갈수록 독서와는 거리가 먼 환경이 되어가는 것 같지만 현명한 리더들은 컴퓨터 대신 책을 펼

청년이여, 치열하게 읽고, 뜨겁게 생각하라

쳐보고 있다는 것이다.

  TV를 시청하거나 웹서핑을 하는 일에 비해 독서는 지루하고, 이질적일 수 있다. 글을 읽기 시작하면 그것을 깊게 해석해야 하고, 그 끝을 해결해야 하는 부담감이 그대를 짓누를 수도 있기 때문이다. 그러나 이런 과정을 통해 우리는 무엇보다도 지식습득을 넘어 인내를 배우게 된다.

  지금 당장 양서 한 권을 선택해 완독을 해보자. 읽기를 시작하고 그만두는 행위를 모두 그대가 스스로 통제해야 한다. 분명 이 과정을 마치면 비교할 수 없는 기쁨과 지혜를 자신의 것으로 만들 수 있다. 책을 읽기 시작하면 단 한 번에 내용을 이해하기가 어렵다. 따라서 앞장을 기억하고 있어야 비교적 수월하게 뒷장의 이야기가 연결된다. 이러한 반복훈련을 통해 자연스레 기억력도 상승하고, 상상을 통해 글의 내용을 이미지화 하면서 좌뇌와 우뇌의 활발한 상호작용도 일으키게 된다. 이처럼 책을 읽으며 지속적인 정신력 훈련을 마친 사람이 변화되지 않는다는 것에 반감을 가질 수 없을 것이다. 이것은 오직 책 읽기를 통해서만 얻을 수 있는 소중한 자산이다. 이것을 많은 석학들과 리더들은 알고 있기에 그들이 독서 예찬론자라는 공통점을 발견할 수 있는 것이다. 독서가 역량 개발에 얼마나 중요한지 사람들은 잘 알고 있다. 사실상 독서가 중요하단 이야기를 계속해서 되풀이

하는 것도 진부하지만, 이것은 수천 번을 강조해도 변함이 없는 진리다. 그러나 사람들은 독서를 실천하지는 않는다. 그러니 성공한 사람은 그만큼 적은 것이다. 오늘날 우리나라의 독서량이 저조한 가장 큰 이유는 책을 읽는다고 해서 돈을 버는 것에 도움이 되지 않는다고 여기기 때문일 것이다. 그것을 비난하지 않는다. 태어날 때부터 지성인보다는 장사치가 되라고 교육받은 피해자이기 때문이다. 중학생에서부터 대학생, 아니 학문을 연구하는 대학원생까지 공부하는 양은 엄청나다. 분명 엄청난 양의 공부를 한 사람에게 당신의 인생에 대한 의미를 이야기해 달라고 물어보면 이상하게도 대답을 하지 못한다.

혹자에게 삶의 근원적 의미에 대해 물으면 쓸데없는 이야기를 하는 사람으로 취급 받는다. 그들이 만들어낸 이론에 대한 구체적인 질문을 하면 답은 대부분 피상적이다. 한국인의 대학 진학률이 80%를 넘는데도 청년들이 국가 경쟁력을 높이는 데 참여할 기회를 얻지 못하는 현상을 우리는 어떻게 이해해야 할까. 2008년 스위스 국제 경영 개발원이 실시한 대학 교육의 경제 사회적 요구에 대한 부응 측면에서 한국은 55개 국가 중 53위였다. 적성과 비전을 고려하지 않고, 무분별하게 명문대학, 대기업에 몰려 치열한 경쟁을 하는 한국 청년들은 경쟁에 탈락하면 쉽게 좌절하고 극단적인 선택을 하는 사례가 많다. 그러나 그대가

청년이여, 치열하게 읽고, 뜨겁게 생각하라

동경하는 페이스북의 마크 저커버그, 애플의 스티브 잡스, 마이크로소프트의 빌 게이츠 등의 인생사를 찾아보라. 천재적인 그들은 모두 대학을 중퇴한 공통점이 있다. 그들은 천재로 태어나지 않았지만, 실패해도 패자 부활이 얼마든지 가능하다는 확고한 믿음이 그들을 천재로 만들었다. 그 담대한 믿음의 근원은 독서를 통한 치열한 사유훈련이 응집된 것이 아닐까. 빌 게이츠는 독서광으로 정평이 나 있고, 그는 하버드대 졸업장보다 독서하는 습관이 더 소중하다고 강조한다. 마크 저커버그가 왜 한국에는 없냐고 개탄만 해서는 해결이 안 된다는 것이다. 창의성을 키우는 보편적 교육에 독서를 통한 치열한 사색 훈련만큼 훌륭한 대안이 있을까. 그런 훈련을 겪은 청년은 실패를 해도 재도전의 기회를 스스로 창조하지 않을까. 다시 한 번 강조하지만 인터넷으로 긁어온 지식은 독서를 통한 치열한 사색이 빠져 있다. 단순한 지식 쌓기는 지혜를 만들어내지 못하는 것이다. 이러한 영향을 받은 우리의 모습을 좀 더 생각해보자. 고전이나 석학들의 성찰되고 정제되고 검증받은 지식이 무시되지 않나. 오히려 급속도로 만들어 낸 인터넷 찌라시라 불리는 자극적인 발언이나, 음란하고 폭력적인 소재들, 논리가 없는 선동적인 생각들이 주목받고 있다고 여겨진다. 그러나 그런 IT환경을 만들어낸 빌 게이츠나 안철수 등과 같은 리더들은 오늘도 불철주야 책을 읽고 있다. 정제되지 않은 정보의 배출과 긁어내기 식의 정보 쌓기는 분명 한계에 다가가고 있다. 그리고 그런 지식으로 인해 영혼이 파괴되는 일도 비일비재할 것이다. 이제 곧 여전히 독서와 부가 관계가 없다고 믿는 사람들의 생각이 큰 착각이었음을 스스로의 몰락을 통해 알게 될 것이다. 그대에게 겁을 주는 것이 아니다. 청년인 그대 영혼의 발전을 위해서다. 우리는 유한한 인생을 살고 있다. 한 번의 인생을 살면서 접할 수 있는 사람과 장소, 해 볼 수 있는 일들은 제한되어 있다. 하지만 우리는 책 속에서 가볼 수 없는 곳을 가고, 머물 수 없는 시간 속에 머물고, 만날 수 없는 사람들을 만날 수 있다.

영국의 유명한 작가인 윌리엄 블레이크는 인간의 순수의 전조를 다음과 같이 표현했다. "한 알의 모래 속에서 세계를 보고 한 송이의 들꽃에서 천국을 보기 위해 손바닥 안에 무한을 붙들고 시간 속에 영원을 붙잡아라." 이 얼마나 심장을 요동치는 말인가. 우리는 다양한 책들을 통해 전 세계를 넘나들 뿐만 아니라 과거와 현재, 미래를 경험할 수 있다. 물리적으로 제약된 공간을 파괴할 수 있는 강력한 힘이 책 속에, 그리고 그것을 풀어나가는 우리의 영혼에 있지 않은가.

책 속에서 만나게 되는 다양한 사람들, 존재들의 역할에 우리가 대입될 수 있다. 그들이 만들어내는 교훈을 통해 우리는 생각

청년이여, 치열하게 읽고, 뜨겁게 생각하라

하게 된다. 생각 없이 직선으로 가야만 좋은 것이 아닌 것을. 독서는 심사숙고하며 이리저리 돌아가 안전하게 목적지를 향해 갈 수 있게 도와준다. 이러한 돈이 안 되는 책을 백 권만 읽어봐라. 그대는 백 번의 인생을 살고, 백 종류의 지식을 쌓아 백 가지 이상의 지혜를 만들어 낼 수 있다. 백 번의 인생을 이해한 사람의 인내력과 지혜와 한 번의 인생조차 감이 오질 않는 사람의 인생의 질이 달라질 것이다. 이것을 더 설명한다는 것 자체가 무의미한 것 같다. 삼면이 바다로 둘러싸여 있고, 북한이 존재하는 우리나라가 가진 것은 지성을 갖춘 인력뿐이다. 세계화 시대로 갈수록 창의성과 과감성이 부각되고 있는 시점에 정신건강을 위한 훈련이 중요하다. 독서를 단순히 취미로 생각하는 사람은 오랜 시간 '을'에 속할 것이다. 여기에 속한 사람은 늘 빵을 달라고만 애원할 것이다. 그러나 독서가 생각하는 힘을 길러주는 지식인의 책무라고 생각하는 사람은 '갑'이 되어 자기 인생의 주체가 될 것이다. 그리고 그러한 주체들이 모인 나라가 강한 국가가 될 것이다. 그들은 대중에게 빵을 공급하는 손이 될 것이다.

　말콤 글래드웰의 '1만 시간의 법칙'은 블로그 운영에도 적용된다고 생각한다. 리뷰를 쓰기 시작한 초기에 좋은 책들은 혼자 알고 있기 아쉬워 미니홈피에 책을 소개하고 있었다. 그 당시에 미니홈피 조회수는 한 자리를 넘기가 힘들었다.

그러던 중에 지인 한 분이 내게 블로그를 이용해보라고 조언했다. 그것이 훨씬 파급력이 있기 때문이다. 책만 읽었지 SNS를 비롯한 인터넷 시대에 역행한 내게 그 조언은 또 하나의 아이디어를 떠올리게 했다. 스마트혁명을 필두로 SNS는 향후 10년간 변화를 이끌 핵심 화두인 것이다. 곧바로 내 자신이 퍼스널브랜드가 되겠다는 생각을 했다. 몇 달간 방치한 네이버 블로그를 가을부터 본격적으로 책을 주제로 운영하기 시작했다. 시작 후 몇 달 간은 오디언스 확보가 되질 않았다. 양질의 컨텐츠도 부족했다. 그땐 블로그의 성공요인 중 하나인 인내심이 필요하다는 것을 모르고 있었기에 이마저도 포기하고 싶은 생각이 굴뚝같았다. 그러나 이미 일본지진현장까지 다녀왔고, 천 권의 책도 읽었는데 여기서 포기하기엔 지난 노력이 아까웠다. 처음에는 방문자 수가 하루 100명 이하에 머물던 내 블로그는 인내심을 가지고 '1만 시간의 법칙'을 이행하자 100명이 넘고 1,000명이 넘었다. 사실 책을 주제로 블로그를 운영해 본 청년들도 있겠지만, 이 주제는 지루한 측면이 많아 청중 확보가 정말 힘들다. 결국 블로그 운영자가 블로그에 쓴 시간과 블로그에 올린 콘텐츠의 수준에 좌우된다는 것을 발견했다. 물론 실수도 많았다. 열정이 지나친 나머지 초기엔 막무가내로 포스팅을 했다. 보통 책에 대한 리뷰를 온라인에 기재하는 경우 간단한 핵심과 개인 사설

청년이여, 치열하게 읽고, 뜨겁게 생각하라

을 늘어놓는 경우가 많았다. 그러나 나는 책 한 권을 분석해 모든 내용을 하나의 리뷰에 담아내려 노력했다. 그래서 초창기 리뷰는 A4로 10장이 넘는 지나친 길이의 글도 올려놨었다. 당연히 사람들은 지루한 내 글을 볼 리가 없었다. 이때 내가 깨달은 점은 아무리 좋은 내용이라도 대중이 공감할 수 있어야 한다는 사실이다. 그때부터 글을 줄여가는 훈련을 했다. 자연스럽게 어려운 책들도 공감할 수 있는 내용으로 풀어나갔다. 또한 다양한 사건과 리더들을 직접 찾아가 만난 이야기들을 곳곳에 기재했다. 이러한 과정에서 리뷰를 작성한 세 분의 저자를 만났다. 온라인에서 오프라인으로 이어진 이 신기하고 벅찬 만남을 통해 나는 더욱 자신감을 얻게 됐다.

독자의 입장에서 저자를 만난다는 것은 큰 기쁨이다. 그리고 난 온라인 매체의 힘을 이때 발견했다. 내 한마디의 글도 이제는 파급력이 있다는 것을 말이다. 책 한 권을 선택할 때도 신중해졌다. 될 수 있으면 대중들에게 도움이 되는 정보를 전해주고 싶은 이 열정을 유지하고자 맹렬히 포스팅을 하기 시작했다. 약 8개월 간 잠을 줄여가며 230편 이상의 책을 분석하고 포스팅 했다. 그리고 17만 여명의 사람들이 블로그에 방문해 다양한 책들을 소개받고, 지식을 얻어 갔다. 이 과정에서 출판사 마케터들은 자신들의 신간을 홍보해 달라고 책을 보내주기도 했다. 그렇게 쌓여 있는 책들을 보며 난 의아스러웠다. 리포트 하나 쓸 줄 몰라 좌절했던 사람이었다. 그러나 이젠 다양한 책을 분석해 대중에게 제공하는 중간자 역할을 하는 것이 신기하기 때문이다.

외향적으로 사람들이 지금도 나를 격투기 선수나 헬스트레이너로 본다. 그러나 실질적으로 내면의 상당한 발전이 책으로 가능했다는 것을 앞서 말한 이야기로 여러분께 증명하고자 한 것이다.

Fact에 충실한 그대에게 『크러쉬 잇』의 저자 게리바이너 척에 대해 연구해보길 권한다. 미국청년인 그는 SNS를 이용하여 강력한 브랜드를 만들어서 농구 팀의 구단주가 되고, 그 팀을 이 도시에서 저 도시로 실어 나르는 전용기까지 구비할 수 있는 재력을 갖추는 것을 목표로 했다. 지금 그대는 분명 터무니없는 꿈이라 생각할 것이다. 이름도 들어본 적 없는 뉴저지 출신의 한 남자가 조그만 비디오 블로그 하나로 이렇게 원대한 목표를 달성할 것이라고 믿을 수 없을 것이다. 그러나 게리바이너 척은 자신의 명확한 목표를 가슴에 품고 성공을 겨냥하여 성공 중이다. 그에게는 전략이 있었기에 목표를 이룰 수 있었다. 그것은 바로 사업을 성장시킬 수 있도록 스스로 개인 브랜드 구축에 집중하는 것이다. 게리바이너 척은 항상 가장 최근에 고른 와인에 관한 20분짜리 비디오 블로그를 녹화했다. 그 후 8~9 시간은 자신의

청년이여, 치열하게 읽고, 뜨겁게 생각하라

최근 비디오를 동영상 공유 사이트와 SNS에 업로드하는 데 투자했다. 이때 검색엔진에서 검색될 가능성이 높은 재미난 제목과 태그를 다는 것을 잊지 않았다. 게리바이너 척은 서로 다른 사람들의 관심을 자극하는 방아쇠는 모두 다르다고 생각했다. 따라서 그가 자신의 비디오 콘텐츠를 묘사하는 다양한 방법을 생각해 낼수록 더 많은 사람들이 검색엔진에서 그를 찾을 수 있을 거라고 생각했다. 마케팅 담당자들은 이를 'SEO'라고 한다. 그에게 이것은 상식이었다. 게리바이너 척은 시간이 흐를수록 진실한 개인 브랜드, SNS기술, 유창한 언변을 훈련하고, 실력을 키웠다. 놀라운 사실은 그의 와인 가게는 연매출 4백만 달러에서 4천5백만 달러로 성장했다. 앞서 언급한 그가 원하는 목표에 근접하고 있다는 것이다.

   그대도 잘 알다시피 기업이나 각 분야의 리더들은 SNS라는 유용한 매체의 중요성을 알고 이미 유용하게 사용하고 있다. 그들은 소비자를 사로잡고 그들과 직접 의사소통할 수 있는, 완전히 새로운 기회를 갖게 되었다. SNS의 영향력은 누구도 믿기 어려운 범위로까지 순식간에 뻗어나가고 있는 상황이다. 이런 SNS의 막강한 힘에 그대의 열정을 더한다면, 그대는 곧 경험해본 적 없는 엄청난 성공을 이뤄낼 수 있을 것이다. 혹시 혼란스러운 그대를 위해 다시 정리하자면 SNS에 수동적인 존재가 되지 말라는 것이다. 능동적인 주체가 되기 위해선 치열하게 고민하고 생각하는 훈련을 책을 통해서 해야 한다. 그리고 거기서 얻은 지식을 지혜로 만들어 SNS를 이용해 전파해보라는 것이다. 그 과정에서 분명 그대는 변화된 지성과 소통의 능력으로 개인 브랜드를 구축할 것이다. 양질의 지식을 독과점하지 말고, 대중과 소통하는 윤리의식을 갖추라는 것이다. 그런 그대를 언젠가 세상은 찾게 돼 있다. 무지하고, 옹졸했던 나 같은 사람도 책을 쓸 수 있는 것처럼 말이다. 그대가 나보다 더 열심히 살고, 더 많은 지식을 쌓는다면 나보다 훨씬 훌륭한 성과를 얻을 수 있다. 혹은 그렇지 않다 하더라도 20대인 그대는 30대인 나보다 더 많은 기회와 젊은 패기가 있지 않은가.

   그대가 변하고자 하는 의지만 있다면 할 수 있다. 특히 SNS의 시대엔 그대의 영혼이 가치가 있다는 것을 세상 사람들에게 어필하라. 그대에게 놀라운 일들이 벌어질 것이다. 좋은 아이디어와 진솔한 커뮤니케이션 열정과 키워드로 만든 좋은 콘텐츠를 대중에게 분배해라. 그것이 SNS전문가들이 말하는 성공적인 블로그 운영을 위한 필수조건이다. 다시 한 번 강조한다. SNS를 이용할 때 이 사실을 망각하면 안 된다. 인터넷과 영상매체와 달리 책을 읽을 때는 사람이 주체다. 책을 읽으려는 의도와 읽는 속도, 그만두는 행위를 사람이 스스로 통제하기 때문이다. 독서

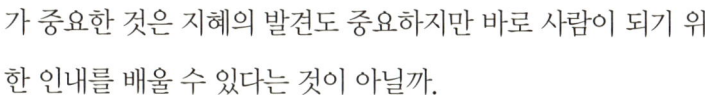

가 중요한 것은 지혜의 발견도 중요하지만 바로 사람이 되기 위한 인내를 배울 수 있다는 것이 아닐까.

진정한 성공의 지름길은 독서와 공존의식

여전히 독서가 단순한 취미라고 생각하는가. 그런 그대의 생각과 달리 세계를 주름잡는 CEO, 정치가들은 모두가 치열하게 읽는다. 유럽의 많은 정치인들은 여름 바캉스를 다녀와서 책을 한 권씩 펴내는 것이 트렌드다. 그들이 바캉스 떠날 때 자동차 트렁크에 책을 한 짐씩 싸가지고 가기 때문이다. 빌 클린턴 대통령도 독서광이었다. 재직 시절 그는 10일 정도 휴가에 12권 정도의 책을 가지고 갔다. 그가 휴가 때 무슨 책을 읽었느냐는 미국뿐만 아니라 세계 뉴스의 초점이자 독자들의 관심사였다. 그의 뛰어난 연설실력은 독서력에서 나왔다. 물론 그는 그 실력을 여대생에게 이용한 이력이 있다. 남학생들은 그 점은 본받지 말라.

토크쇼의 열풍을 일으킨 오프라 윈프리도 미국의 독서 열풍까지 일으킨 인물이다. 빈민가 출신인 그녀는 고난의 시기를 치열한 독서로 이겨나갔다. 여대생들은 그녀의 삶을 연구해보길 권한다. 또한 우리가 친숙하게 사용하는 사무기기를 만드는 HP

의 CEO출신 칼리 피오리나는 대학 시절 고전을 간략하게 요약하는 글쓰기 훈련과 치열한 독서를 했다고 한다. 그것이 지금의 기업경영에 큰 도움이 된다는 의미심장한 말을 했었다.

빌 게이츠는 어릴 적부터 책벌레였다. 거대한 마이크로소프트를 운영할 때도, 은퇴 후에도 바쁜 일정에 정신없는 날들을 보내는 것이 빌 게이츠다. 그는 아마 지구상에서 가장 바쁜 사람 순위에 상당히 높은 위치를 차지할 것이다. 그런 그도 하루 한 시간, 주말에는 서너 시간의 독서 시간을 가지려고 노력한다고 한다. 빌 게이츠는 자신의 성공의 비결을 "오늘날의 나를 만든 것은 동네의 공립 도서관"이었다고 조언한다. 혹시 빌 게이츠보다 대학생활이 바쁘기에 책을 읽을 수 없는 것인가.

Reader is Leader! 결국 정보의 홍수 속에서 필요한 정보를 신속하고 간명하게 선택하여 적절한 판단을 내려야 하는 피 말리는 시간의 연속을 보내야 하는 Leader는 먼저 Reader가 돼야 하는 것이다. 자기를 계발하고자하는 열망과 타인의 말을 경청할 줄 아는 것이 리더의 조건이기에 지도자가 되고 싶은 사람은 반드시 Reader가 돼야 하는 것이다.

이를 잘 실현한 역사의 인물이 있다. 리더를 꿈꾸는 모든 청년은 도리스 컨스 굿윈의 『권력의 조건』을 필독하길 바란다. 진흙탕이라 불리는 정치에서 진주가 된 링컨의 모습, 목숨보다 질긴 인내와 사랑, 포용 등을 본받을 필요가 있다. 829페이지의 방대한 양이지만 이 책보다 링컨에 대해 사실적으로, 정치에 대한 정의에 대해 올바른 방향을 제시해주는 정치서도 드물다고 생각된다. 미국에서 가장 존경받는 대통령은 링컨이다. 그에 반해 링컨은 미국 역대 대통령 중에 가장 초라한 경력을 가지고 있을 것이다. 그는 켄터키의 통나무 오두막집에서 태어나 여러 농장을 전전하며 지독하게 가난한 삶을 살았다. 그는 극심한 가난 때문에 뱃사공, 점원, 장사꾼, 우체국장, 측량기사 등을 전전했다. 링컨은 우물을 파거나, 돼지를 잡거나, 땅을 갈던 순간에도 손에서 책을 놓지 않았다. 고난스러운 연단의 시기에 성경과 기도로 무장했다. 그 어떠한 힘든 순간에도 강렬하게 지혜를 쌓기 원했던 그는 정식 교육을 1년도 받지 못했다. 하지만 그는 자신을 더욱 체계적으로 발전시키기 위해 영문법과 셰익스피어 희곡, 기하학과 법학을 공부했다. 결국 고학으로 변호사가 되고, 하원을 거쳐 미국의 존경받는 대통령이 된 것이다. 역시 링컨을 통해서도 치열한 독서는 성공한 사람의 공통적인 필수조건이란 것을 확인하게 된다. 그대와 똑같은 청년인 23세의 링컨은 다음과 같이 말했다. "누구나 저마다의 고유한 야망을 갖고 있다고 합니다. 사실이든 아니든, 저는 동포들의 존경을 받을 만한 사람이 되는 것 외에 다른 야망을 갖고 있지 않습니다. 제가 이 야망을 이룰 수 있을지는 아직 알 수 없습니다."

　현실에 대해 탁상공론하고 불평불만하며 소주잔을 기울이면 그대는 영원히 그런 삶을 벗어나지 못할 것이고, 그 삶은 자녀에게까지 이어질 것이다. 독서는 장난이 아니다. 인간답게 살기 위한 처절한 몸부림이다.

　인정하기 싫어도 역사는 자신의 말을 타인에게 효과적으로 전달 할 수 있었던 사람의 방향대로 움직임을 알 수 있다. 그것이 옳은 길인지, 나쁜 길인지를 판단하기 위해서 인간은 끊임없이 생각하고, 점검하고, 사랑해나가야 한다. 그렇지 않으면 끊임없는 탐욕과 시기, 절망으로 인한 고통 속에 허우적대며 스스로 자멸할 것이다. 그것을 이겨내고 견뎌내기 위한 방법은 좋은 책을 읽고, 건전한 비판의식을 갖는 것, 저자의 생각을 뛰어넘는 사고를 가지는 노력 등이 있다.

　그러나 독서를 하는 사람이 곧 교양인이요, 인격자라는 것이 아니다. 수천 권의 책을 읽은 사람이 굉장한 권위주의자라든지 사기꾼인 경우도 얼마든지 있기 때문이다. 분명한 것은 독서력은 삶의 극적인 변화를 일으킨다. 그러나 그 힘을 잘못 사용한 극단적인 예를 설명하겠다. 바로 처칠과 히틀러다. 이들의 이야기를 통해 그대가 반드시 선한 지성인이길 기원한다.

　히틀러는 처칠 못지않은 비범한 사람이었다. 그는 인류를 구

청년이여, 치열하게 읽고, 뜨겁게 생각하라

원하려는 신념에 입각해 모든 종류의 폭력을 사용할 권리를 유대인에게 집중적으로 행사했다. 그가 지향했던 사회체제를 전체주의라고 한다. 이 무시무시한 체제는 인간의 생명과 권리를 학살하고 억압하는 끔찍한 악의 집단이었다.

히틀러는 소수의 리더들이 사회를 이끌어갈 수 있다고 믿었기에 모든 권력을 자신을 추종하는 소수에게 집중시켰다. 그리고 그 반대편에 다수의 평범한 사람들에게 동등한 인권과 참정권을 부여한 사회체제가 있다. 그 체제를 지향하는 사람들은 자신을 대표하는 사람에게 의사 결정권을 제한적으로 위임하는 제도를 만들었다. 그것이 민주주의 체제다. 그리고 이를 가장 현실적으로 실현한 리더가 우리가 알고 있는 처칠이다. 많은 리더들 중에 처칠을 지목한 이유는 혹시 이 글을 읽는 사람들 중에 좌절을 겪고 있는 청년이 존재할 것 같아서다. 처칠의 이야기를 들어보면 그대도 할 수 있다는 것을 알 것이다.

처칠이 누구인가. 그는 당시 세계를 지배하는 대영제국의 총리였다. 그는 영국 왕립협회 회원이었고, 대학명예총장이었고, 노벨상 수상자였다. 수십 개의 도시가, 서른 개가 넘는 국가가 처칠을 명예시민으로 추대하거나 훈장을 수여했다. 처칠의 삶의 전반부만 본다면 과연 이게 가능한 일인가. 그래서 우리에게 희망이 있다. 그의 유년 시절은 리더로 기억되는 삶과는 전혀 달랐기 때문이다. 『윈스턴 처칠의 뜨거운 승리』라는 처칠의 자서전을 읽어보면 흥미로운 사실을 발견하게 된다. 잠시 처칠에 대한 이야기를 전하겠다. 그의 삶을 연구하는 것은 우리에게 매우 중요하기 때문이다. 처칠은 자신이 학교 성적에 성과를 내지 못함을 잘 알고 있었다. 그는 수학을 싫어했고, 간신히 이수를 할 정도였다. 해로스쿨에서 3년 내내 진급하지 못하고 1학년에 머물다가, 샌드허스트 육군사관학교에 들어갔다. 그러나 처칠은 자신이 좋아하고, 몰입하여 잘하는 분야를 스스로 발견했다. 바로 영어로 읽고 말하는 문장을 쓰는 것에 능통했다. 처칠은 영어를 단순히 잘하는 정도가 아니라 자유자재로 영어를 구사했고, 영국인으로서 자국어를 사랑했다. 처칠이 정치인으로 성장하는 동안 영어는 자신을 돋보이게 하는 도구가 됐다. 처칠은 각종 신문과 잡지에 무려 1,000개가 넘는 기사를 기고했으며, 40권이 넘는 방대한 양의 책을 썼다. 그중 일부는 내용이 아주 길다. 처칠의 『2차 세계대전 이야기』는 무려 205만 단어가 넘는다. 처칠의 출간된 연설을 포함해 그가 쓴 총 단어 수를 계산해 보면, 무려 800만에서 1,000만 개에 육박한다. 처칠은 기회가 찾아올 때까지 마냥 기다리는 성격이 아니었다.

일례로 참전을 위해 인도에 있던 처칠은 어머니에게 필독서들을 인도로 보내달라고 부탁했고, 그의 어머니는 아들의 청을 들어줬다. 인도에선 대다수의 군인들은 해가 뜨거운 낮에 한참을 쉬었다. 그러나 처칠은 자신이 아는 것이 늘 부족하다고 느끼며 남들이 잠을 자는 순간에도 책을 읽었다. 그는 자신의 목적을 달성하는 데 필요한 책을 닥치는 대로 읽었고, 한 번 읽은 것은 절대로 잊는 법이 없었다. 처칠은 여러분 같은 이십대에 이런 생각과 환경 속에서 훈련받은 것이다.

오늘날 한국 사회에서 어린 아이의 혀를 성형할 정도로 영어 열풍이 불고, 고급 국어에 대한 사랑이 표현조차 되지 않는 것과는 사뭇 다른 현상이다. 처칠이 영어를 사랑했다고 우리가 영어를 사랑하라는 것이 아니다. 자국의 영혼을 울리는 것은 결국 모국어다. 이처럼 처칠은 자신의 한계를 극복하고, 타인과의 경쟁에서 승리하기 위한 지름길로 영국의 역사를 공부했다. 더불어 수많은 문학 작품을 탐독했다는 것에 우리는 또 'Reader is Leader'의 법칙을 발견한다. 자신의 생각을 표출하고, 대중에 공감할 수 있는 언변과 필력을 갖춘다는 것은 엄청난 무기를 가진다는 것을 의미한다. 자신의 장점을 잘 알고 있던 처칠은 권력을 추구했고, 하원에서 시작하여 총리가 되기까지 늘 가장 높은 목표를 세웠다. 그는 관직을 얻기 위해 정치를 한 것이 아니라 정치가 그를 필요하게 만들 줄 아는 지혜를 가지고 있었으며, 늘 이상적인 영국 사회를 만들겠다는 비현실적인 목표를 세워 그것이 어느 정도 이뤄지는 기적을 만들었다.

우리는 처칠의 인생을 통해 성공의 법칙을 좀 더 발견해야 한다. 처칠은 1차 세계대전에서 중요한 인물이었으며, 2차 세계대전에서는 지배적인 인물이었다. 그는 고상한 웅변술을 가지고 있었고, 필력은 뛰어나고 강렬했다. "우리 인간은 모두 벌레 같은 존재죠. 하지만 저는 그중에서도 빛나는 벌레라고 생각합니다." 그는 신과 국민 앞에 겸손하려고 노력했고, 인간의 유한성에 대해 인식하고 있었다. 물론 때론 무신론자이길 원했다. 그렇기에 그는 전의를 상실한 위험에 빠진 무기력한 영국을 다시 일으켜 세우고 승리를 이끌게 하였다. 처칠은 사리사욕이 아닌 영국인을 위해 충성을 바쳤다. 그리고 그가 솔직한 발언으로 힘을 얻게 된 이유는 그의 모범적인 삶이 뒷받침 되었다. 그 당시 영국 하원의원들은 결혼 서약을 깨고 바람을 피우는 것이 유행을 넘어 법칙이었다. 따라서 처칠 부부가 충실한 부부 생활을 영위했다는 것이 매우 놀랍다. 처칠의 어머니와 장모 모두 남자관계가 문란했던 것과 다르게 말이다. 빌 클린턴과 처칠이 비교되는 이유가 여기에 있다고 생각한다. 처칠은 결혼 생활을 즐겼고 행복한 남자이길 자처했다. 대영 제국의 총리라는 자리에 많은 유혹이 있었음에도 불구하고 그는 자신을 철저히 통제했다. 이러한 환경 속에서 1908년부터 처칠이 제안한 법안 대부분이 의회

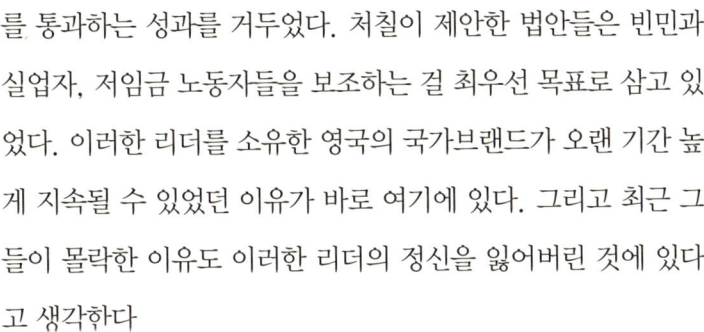

를 통과하는 성과를 거두었다. 처칠이 제안한 법안들은 빈민과 실업자, 저임금 노동자들을 보조하는 걸 최우선 목표로 삼고 있었다. 이러한 리더를 소유한 영국의 국가브랜드가 오랜 기간 높게 지속될 수 있었던 이유가 바로 여기에 있다. 그리고 최근 그들이 몰락한 이유도 이러한 리더의 정신을 잃어버린 것에 있다고 생각하다

처칠과 반대로 절대자에게 대항하며, 악한 존재에 기대어 자신의 권력 욕망과 유대인을 향한 분노를 표출한 히틀러는 처칠로 인해 참담한 실패와 목숨을 잃게 됐다.

처칠은 히틀러와 달리 자신이 대표하는 조직을 절차에 따라 운영했으며, 국민들은 그가 국가를 대표한다고 보았고, 그렇게 느꼈다. 처칠은 독재자가 절대 아니었고, 히틀러가 저지른 끔찍한 사례를 봤기에 그와 같이 하려는 시도를 단 한 번도 하지 않았다. 독재의 근원이 악이라는 것을 그는 명확히 알고 있었기 때문이다. 처칠의 이러한 합리적인 처신은 히틀러와 다른 점이며 히틀러가 전쟁에서 진 원인 중 하나다.

히틀러와 달리 처칠은 명령을 예외 없이 글로 썼으며 내용이 분명했다. 구두로 명령을 내리면 즉시 그 내용을 서면으로 다시 확실히 하는 작업을 잊지 않았다. 히틀러는 전부 구두 명령으로 그의 보좌관들이 일방적으로 "총통께서는 이렇게 저렇게 하길

바라신다"라고 하달했다. 이와 달리 처칠은 차분히 서면으로 분명하게 명령을 내렸다. 그는 정치인의 소임과 군지도자의 소임을 정확하고 명료하게 구분하는 시스템을 만들어냈다. 이러한 시스템이야말로 군지도자들이 처칠의 업무 스타일에 인내와 체력의 한계를 느끼면서도 그의 리더십에 절대 충성하고 사실상 그를 숭배한 이유다.

히틀러가 연설에 대한 관심을 꺼버렸을 때, 처칠은 더욱 연설에 전력을 다했다. 한창 잘나가던 시절의 히틀러가 20세기 최고의 대중 선동가였다는 것이 흥미롭다. 히틀러의 연설은 독일이 베르사유 조약을 마음대로 파기하고 다시 어두운 열강으로 일어날 수 있는 결정적인 역할을 했다. 당시의 히틀러의 연설은 그를 독일 역사상 가장 인기 있는 지도자로 만들어 주었다. 그러나 1939년 3월에 독일군이 프라하로 진격하자 히틀러는 처음으로 독일 국민의 반감을 사기 시작했다. 이후부터 히틀러는 무력과 공포로 통치하며 기존의 법적인 절차에 따라 통치하는 모습을 잃어버렸다. 이것이 한 사람을 위대한 영웅으로, 한 사람을 자살한 비굴한 독재자로 만들어 버린 핵심이다. 히틀러는 무력을 행사하며 연설을 하지 않아 주로 지하에 있는 수많은 군사 기지에 칩거하며 대중 앞에 거의 모습을 드러내지 않았고, 처칠은 나치의 검열도 어쩌지 못할 정도로 신문과 뉴스 영화에 매번 등장하

청년이여, 치열하게 읽고, 뜨겁게 생각하라

는 세계적 유명 인사가 되었다.

원수에게 증오가 없었기 때문에 처칠은 자신의 인생을 늘 행복한 마음으로 살 수 있었다. 처칠은 지위 고하를 막론하고 그의 밑에서 일하거나 그와 함께 일하는 사람들과 사이가 좋았다. 그에겐 미국인의 피도 흐르기에 계급의식이 없었기 때문이다. 나이 든 처칠이 젊은 여왕에게 절을 하는 모습이 바로 그것이다. 그는 늘 겸손하고, 낮은 자세로 지위가 아닌 영국 전통과 역사에 절을 한 것이다.

처칠은 국민을 사랑하고, 그들로부터 힘을 얻었다. 그리고 그 힘을 다시 국민에게 돌려주려 평생을 노력했다. 그가 완벽하진 않지만 법 안에서의 자유, 국민에게서 탄생한 정부, 국민이 지배하는 정부, 국민을 위한 정부를 소중히 여기는 사람이라는 것이 위대한 승리의 주인공 처칠이다. 따라서 우리는 그의 인생을 연구해볼 가치가 있고, 그것에 대한 위안과 확신을 얻어 이 시대에 국민을 위한, 국가를 위한 리더가 탄생되도록 해야 할 것이다.

분명 처칠과 히틀러는 똑같이 타오르는 열정을 가지고 있었을 것이다. 그러나 그들의 열정의 빛깔은 너무나 달랐다. 선한 빛을 타오르게 했던 처칠의 열정적인 삶은 과연 어땠을까? 너무나 감사하게도 처칠은 촉망받는 엘리트가 아니었다. 그의 삶이 성공적으로 변화됐던 이유를 알게 되고, 그것을 실천하는 사람,

처칠의 삶이 말해주는 교훈을 얻는 자는 분명 대한민국의 처칠 이상의 리더로 탄생할 것이다. 적용해보자. 그대의 삶에, 우리의 삶에, 미래의 삶으로.

지금 우리사회가 위기라는 것을 그대는 알고 있을 것이다. 그리고 삶의 의미를 찾아서 자신의 원대한 꿈을 이루기보다 취업문제로 인해 지쳐있을 그대에게 말하고 싶다. 좀 더 담대해지자. 강한 정신력을 갖추기 위해 치열한 독서를 하자. 세계경제 공황의 지속으로 경제는 더욱 악화될 가능성이 많다. 많은 청년들은 미래에 대한 불안감으로 더욱 자극적인 수단을 이용해 자신의 두려움을 없애려 할 것이다. 그러나 반드시 기억해야 할 것은 대공황 때도, 세계대전 때도 세상을 변화시킨 리더들이 분명히 있다는 것을 말이다. 그대여 위기의 시대에 변혁의 중심에 서라. 그대는 반드시 강하게 훈련받아 세상의 빛과 같은 역할을 할 수 있기를 기원한다.

우리는 반드시 지켜야 할 사명이 있다. 그것은 스스로 올바른 사유를 하는 것과 양심의 소리에 귀 기울이는 것이다. 그대여 꿈이 없다고 말하지 말라. 세상이 어지러울수록 우리는 할 일이 너무나 많다. 세상이 건조해질수록 우리는 사랑할 일이 너무나 많다. 세상이 불공평할수록 우리는 정의를 외칠 일이 너무나 많다. 바로 그 세상이 우리의 단 한 번의 소중한 무대이기 때문이다.

내 가슴에 귀 기울여 | **세 번째 이야기**

진로를 일찍 고민하고
방향성 있는 노력을 하자

진로를 일찍 고민하고 방향성 있는 노력을 하자

진로를 일찍 고민하고 방향성 있는 노력을 하자

나는 현재 54세이고 고등학교 교사이며 1남 2녀를 둔 주부이다. 경영학을 전공했지만 지금은 영화 관련 고등학교에서 '시나리오' 과목을 가르치고 있다. 단편영화 세 편을 제작했고 그중의 한 편은 세계단편영화제에서 동상을 받았으며 고등학교 '시나리오' 교과서 집필에 참여했다.

사회생활과 가정생활을 병행하며 50대 중반에 이른 지금, 내가 인생의 방향을 정하려는 10대들에게 가장 들려주고 싶은 이야기는 무엇인가? 여러 당부가 있겠지만 제일 말하고 싶은 것은 '진로를 일찍 고민하고 방향성 있는 노력을 하자'라는 말이다.

나의 어린 시절을 회상해보면 그저 남들에게 인정받기 위해 무조건 공부를 하며 보냈다는 생각이 든다.

예나 지금이나 성장 과정에서 장래 희망을 밝혀야 하는 시기가 있다.

내가 초등학교 때는 학년 초에 가정환경조사서라는 것을 써오게 했었다. 거기에는 가족관계라든가 심지어 집에 무슨 가전제품이 있는지 등을 적게 했고 마지막에는 장래희망을 적는 칸이 있었다.

초등학교 저학년쯤 이었던 것 같은데 미래에 내가 뭐가 되어 있을까를 나름 진지하게 고민했던 기억이 난다. 장래희망란을 채우기 위해 내가 고심을 하다가 적은 직업은 '수필가'였다. 사실 어린 나이에 수필가의 뜻도 정확히 몰랐지만 언젠가 봤던 작은 잡지의 글에서 마지막에 쓰여있던 여자 분의 이름 옆에 쓰여있었던 수필가라는 명칭을 보고 멋지다는 생각을 했었다. 그리고 언젠가 미래의 나에게 수필가라는 명칭이 붙여진다면 무척 행복할 거라는 생각에 혼자서 빙긋이 웃었던 적이 있다.

그러나 그 수필가라는 꿈을 이루기 위해 어떤 노력을 해야 하는지도 몰랐고 주변을 둘러싼 환경은 그저 공부를 잘해야 한다는 분위기여서 무조건의 압력에 젖어 어린 시절을 보낸 것 같다.

나는 2남 2녀 중 막내로 자랐다. 큰오빠와는 10살 차이였는데 그 오빠는 공부를 뛰어나게 잘해서 그 당시 입시를 치르며 일류 중·고등학교와 대학교에 진학을 했다. 내가 초등학교 1학년 때 대학교 1학년이었던 큰오빠는 경제적으로 그렇게 부유하

진로를 일찍 고민하고 방향성 있는 노력을 하자

지 않았던 편인 우리 집안의 우상 같은 존재였다. 온화한 아버지에 비해 엄격하고 분명한 성격인 엄마는 큰오빠를 대단하게 신뢰했다. 그래서 나는 형제 중에서 그나마 관심 밖으로 밀리지 않기 위해서는 무조건 공부를 해야 한다는 생각을 무의식적으로 하게 되었다.

초등학교 때는 배운 것을 읽고 또 읽는 식으로 공부하며 반에서 거의 1등을 유지했다. 그 당시 중학교가 처음 평준화된 상태여서 마포구에 살던 나는 종로구에 있는 중학교로 배정을 받았는데 여러 지역에서 온 아이들이 모여 있는 중학교에서 치른 처음 시험에서 나는 반에서 6등을 하였다. 그동안 우물 안 개구리였다는 생각도 들고 그 등수에 충격을 받아 그 후에는 정말 답답하게 공부만 하는 아이가 되었다. 아이들과 놀지도 않고 하루 종일 공부만 하는 아이가 되어 그 후에 전교 2등으로까지 성적을 향상했다. 사실 그때는 내가 나중에 무슨 일을 하고 어떻게 살기위해 공부를 한다기보다는 눈 앞의 등수와 가족으로부터의 인정, 남의 시선을 의식한 일류학교에의 진학 같은 좁은 시야로 공부를 했었던 것 같다.

다소 밋밋하게 어린 시절을 보내던 내가 변화를 하게 된 계기는 중학교 2학년 때이다. 그때 내가 경험한 중요한 두 가지는 '자연'과 '독서'이다.

새롭게 이사를 간 곳에서 나는 자연의 아름다움에 눈을 뜨게 되었다.

내가 태어나서 살던 곳은 오래된 한옥이 모여 있는 곳이어서 골목도 좁고 이웃들이 많았다.

그런데 중2 때 아버지께서 편찮아 직장을 그만두시게 된 상태에서 우리 집은 서울의 외곽지역으로 이사를 가게 되었다. 형편이 어려워져서 산기슭의 집으로 가게 된 것이지만 그곳에서 보낸 2년은 내게 자연을 온전히 느낄 수 있게 해준 소중한 시기였다. 이사 간 집은 다른 집들과 동떨어진 산 아래 있었는데 계단을 오르면 대문도 없었고 연노란 색 페인트칠의 다소 소박한 일본식 집이었다. 높은 곳에 위치한 대신 마당은 넓고 뒤에 산이 있으며 옆에 공터가 있어 온전히 자연을 느낄 수 있는 곳이었다. 좁은 골목에서 풀 한 포기 제대로 못 보고 어린 시절을 보냈던 내가 그때 경험한 자연의 변화와 아름다움은 매일매일 경이로움을 느끼게 해주었다.

마당 입구에는 두 그루의 소나무가 있었는데 하나는 곧게 쭉 뻗었고 또 하나는 옆으로 멋지게 구부러져 있었다. 담장에는 개나리와 앵두나무, 라일락나무가 있었고 집 앞에는 감나무와 복숭아나무, 넝쿨 장미가 있었으며 지붕 위로는 등나무 넝쿨이 올라갔다. 철 따라 피어나는 꽃들의 색채는 새롭고 감탄스러웠으

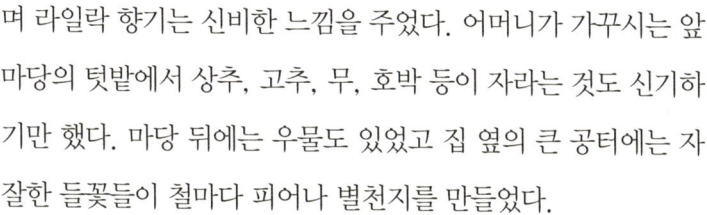

진로를 일찍 고민하고 방향성 있는 노력을 하자

며 라일락 향기는 신비한 느낌을 주었다. 어머니가 가꾸시는 앞마당의 텃밭에서 상추, 고추, 무, 호박 등이 자라는 것도 신기하기만 했다. 마당 뒤에는 우물도 있었고 집 옆의 큰 공터에는 자잘한 들꽃들이 철마다 피어나 별천지를 만들었다.

나는 학교가 끝나고 집에 오면 혼자 집주변을 돌아다니며 자연을 온전하게 느꼈다. 인적이 거의 없는 자연 속에서 많은 상상과 생각을 했다. 어느 가을날, 빈 공터 풀밭에 혼자 앉아 푸른 하늘을 보았을 때 "하늘이 내게로 온다, 여릿여릿 멀리서 온다. 멀리서 오는 하늘은 호수처럼 푸르다. 호수처럼 푸른 하늘에 내가 안긴다."로 시작되는 박두진 시인의 시를 떠올리며 그 시와 똑같은 상황을 내가 느끼고 있다는 것에 감탄하였고 나도 언젠가 내 감정을 남들도 공감하게 표현할 수 있는 능력 있는 날이 오기를 바랐다.

이사 간 곳에서 나는 또 하나, 자연 속에서 책 읽는 즐거움을 알게 되었다.

등수에만 연연해 하며 공부해오던 나는 중1 때까지 독서를 거의 하지 않았다. 학교나 집에서 교양을 위해 교과서 이외의 책을 접할 기회가 별로 없었다. 내가 책에 관심을 갖게 된 것은 중학교 2학년 때부터이다. 중학교 2학년 때 전국 자유교양대회가 열리게 된다며 여름방학 전에 전교생들에게 책을 나누어 준 일이 있었다. 많은 학생에게 나누어 주다 보니 책의 재질은 좋지 않았지만, 그때 내 소유의 책이 생겼다는 게 매우 기뻤다. 해동명장전, 사씨남정기, 그리스 로마신화, 로빈슨 크루소의 모험……. 그 책들을 읽고 개학하면 전교생이 객관식과 주관식 시험을 치른다고 했다.

나는 공부할 때 주로 교과서를 읽고 또 읽고 외우고 쓰는 형식으로 공부를 했었다. 그래서 자유교양대회를 위한 책들도 시험을 대비해 여름방학 동안 여러 번 반복해서 읽었다.

그리스 로마신화 같은 경우는 어느 신의 아들 이름이 무엇이라는 것까지 외울 정도였다. 그러다 보니 개학 후 치른 학교의 자유교양대회에서 나는 전교 1등을 하게 되어 학교대표로 종로구 소속 학교 대표들과 겨루는 시험에 출전하게 되었다. 그 시험에서도 역시 나는 읽고 또 읽었던 실력이 발휘되어 종로구에서 1등을 하게 되었다. 그 후에 각 구에서 대표들이 모여 1주일간 집중적으로 책을 읽으며 전국대회 대비를 하였다. 전국대회에서는 입상하지 못했지만 내가 자유교양대회를 준비하면서 책을 읽는 재미에 빠져들었던 것은 내 인생에서 값진 경험으로 남았다.

한참 감수성이 예민한 중학교 시절에 아름다운 자연을 접하면서 집의 마당에서 책을 읽었던 기억은 내 삶에서 소중한 기억으로 떠오른다.

진로를 일찍 고민하고 방향성 있는 노력을 하자

내가 자연을 통해 정서가 풍부해지고 한편 책읽기에 빠지게 된 경험을 나의 장래 희망과 연관 지어 발전시키지는 못했다. 고등학교 진학 후에도 나는 그저 남의 시선에만 연연하며 등수와 막연하게 좋은 대학에로의 진학을 목표로 밋밋한 학교생활을 했다.

오빠들과 언니는 중고등학교 입시를 치렀지만 나는 오로지 대학입시로서 가족들로부터 인정을 받아야 한다는 부담감에 예비고사(지금의 수능)의 부담감은 엄청 크게 다가왔다. 12년간의 노력이 하루로 판가름 난다는 생각에 새벽 4시까지 잠을 못 잤다. 그대로 가다가는 한숨도 못 자고 입시장에 가야 할 것 같아 초조가 극에 달한 상태에서 어찌할 바를 몰라 했다. 보다 못한 어머니가 술을 좀 마시면 잠을 잘 수도 있다고 하셨고 지금 생각하면 어처구니없지만 소주(?)를 한잔 마셨다. 잠은 좀 잤지만 그 다음 날 시험장에서 머리가 지끈거려 곤욕을 치렀다. 글쎄……. 술을 탓하는 것은 핑계일지도 모르겠다. 사실 학교성적에만 연연해 하며 공부한 나는 폭넓고 깊은 실력을 못 쌓았던 것 같다. 그래도 기대보다는 시험을 못 치렀다는 생각에 계속 울면서 집에 돌아와 몸져누웠던 기억이 난다. 시야를 넓게 보고 목표를 잡았던 공부가 아니어서 당찬 면도 부족했던 것이다.

고등학교 때 나는 전공과 장래 직업을 깊게 생각했던 면이 부족했다. 그저 남들이 인정해주는 대학, 부모와 언니와 오빠에게 부끄럽지 않을 학교를 생각하며 무조건의 노력을 한 나는 대학과 전공을 정하는데 있어 예비고사 성적이 나온 후에 그 성적에 맞추는 식이었다. 전공을 정하고 대학을 찾는 것이 아니라 대학에 맞추어 전공을 찾은 것이다. 내가 성적에 맞추어서 원서를 낸 곳은 신촌의 여자대학교 법정계열이었다. 내가 관심이 있던 과목은 국어와 사회였기 때문에 정외과를 염두에 두고 일단 법정계열을 지원했고 합격하게 되어 대학생활을 시작했다.

고등학교 때는 공부 이외에 동아리나 여행이나 봉사활동 등을 전혀 못했기 때문에 대학 가서는 봇물 터지듯 공부 이외의 다양한 활동을 경험하는 1학년 생활을 하게 되었다. 전공을 결정해야 하는 2학년 때 나는 정외과 대신 경영학과를 선택했다. 경영학 개론을 수강하며 미래사회에서 여성이 경영학을 전공할 때 앞서 갈 수 있다는 가르침을 받게 되었고 마케팅 분야 과목도 흥미로웠다.

어쨌든 나는 중·고등학교 때 전혀 내가 예상치 못했던 경영학을 전공하며 내 장래와 직업을 고민하게 되었다. 회사와 은행 근무 등을 고려하기도 했지만 부모님의 권유로 교직을 하게 되었고 나는 졸업과 동시에 교사의 길로 접어들었다. 나는 7세에 초등학교에 입학한데다 재수도 안 했으므로 23세에 처음 교단

진로를 일찍 고민하고 방향성 있는 노력을 하자

에 서게 되었다. 지금도 수업 첫날을 잊지 못한다. 처음 수업을 들어간 반은 여자 고등학교 3학년 학생들 60명 정도가 있는 반이었다. 갓 졸업한 선생님이 왔다고 다들 집중해서 쳐다보았다. 그 학생들은 나와 4살밖에 차이가 안 나는 학생들이었는데 학생들이 선생님에게 집중하는 것이 당연하지만 정말 부담스러워서 학생들이 나를 쳐다보지 말고 집중을 안 하면 좋겠다는 생각을 했었다. 남 앞에 잘 나서지도 못하는 성격인데 정말 처음에는 교사라는 위치가 힘겨웠다.

그렇게 시작한 교직이 해를 거듭하며 나의 직업으로 자리 잡아가고 나는 결혼 후 세 자녀를 키우며 사회생활과 가정생활을 병행하는 생활인으로 살아가게 되었다.

학교에서는 경제 관련 과목을 가르치는데 상업경제, 무역업무, 마케팅, 상법, 기업회계 등 10과목 이상의 과목을 해마다 공부하고 준비를 해서 학생들을 가르쳐야 했다. 가정에서는 아이들이 자라나며 초, 중, 고 진학에 맞추어 자녀 양육에 신경을 써야 했다. 40대 초반까지 내가 하고 싶은 게 뭐고 내 꿈이 뭐지 라는 생각을 할 겨를도 없이 시간이 흘러갔다. 그 바삐 가는 시간 중에서도 내가 나다울 수 있는 시간은 '책을 읽는' 시간이었던 것 같다. 많은 시간을 낼 수는 없지만 수업과 수업시간 중에 여유가 생기면 나는 틈을 내어 학교도서실에서 책을 대여해 독서의 시간을 가졌다. 죄와 벌, 카라마조프가의 형제들, 개선문, 바람과 함께 사라지다, 몽테크리스토프 백작 등 두꺼운 세계명작소설들이나 왕비열전, 삼국지, 토지 등의 전집을 읽으며 그 스토리에 푹 빠져들어서 몰두할 수 있었던 시간이 소중한 기억으로 남는다.

사회적으로 IMF 경제위기 상황이었던 1997년에 나는 17년간의 교직 생활을 접어야 하는 위기를 맞이하게 되었다. 기업이 아닌 학교지만 내가 근무하던 사립학교도 몇 년 전부터 학급수를 감축하며 다른 성격의 학교로 전환하기 위해 교사들을 해마다 감축시켜왔다. 표면상 이유야 어떠하든 결과적으로 퇴출대상의 교사는 나이가 많은 여교사가 0순위였다. 그런 근무분위기에서 교사들의 불안감과 동료 간의 불신감은 심해졌고 마침내 무리한 감축으로 1997년에는 나를 포함한 5명의 여교사가 재단으로부터 부당한 해임을 당하게 되었다. 힘의 논리에 의한 희생양으로 명예와 자존심은 훼손되고 사람들에 대한 신뢰감 상실로 힘든 시간을 보내게 되었다. 용기 있는 선생님을 주축으로 2년간 민사재판의 어려운 과정을 겪게 되었고 결과는 5명 여교사의 승소로 이어져 나는 다시 그 자리에 그대로 원상 복귀할 수 있었다.

다시 시작한 교직 생활에서 2년간의 공백은 짧은 것 같지만 그 사이 많은 변화가 있었다. 컴퓨터 보급이 확대되고 인터넷 확

진로를 일찍 고민하고 방향성 있는 노력을 하자

산이 급속히 진행되는 시기였다. 나는 컴퓨터 부전공 연수를 받게 되었고 컴퓨터 프로그램을 이용해 회계처리를 운영하는 '전산회계 과목'을 가르치게 되었다. 수업을 위해 준비도 많이 하고 자격증 시험을 치러 급수를 취득하기도 했다. 2000년에 복직해서 3년이 지난 후 학교는 영화와 디자인 관련 남녀공학으로 전환이 이루어지게 되었으며 나는 영화와 관련된 새로운 과목을 가르치기 위해 3년간의 준비기간 동안 교육을 받게 되었다.

그 준비과정에서 나는 시나리오와 촬영, 편집, 방송에 대해 학습을 하게 되었다. 45세의 나이에 새로운 것에 도전해야 하는 상황에서 힘들기도 했지만 사실 내가 평소에 좋아하는 분야인 스토리 부문과 영화와 관련된 학습을 한다는 면에서 즐거움이 더 컸다.

본격적으로 단편영화를 제작해보는 것이 필요하다 싶어서 문화센터에서 독립영화 제작 과정을 6개월간 수강했다. 30여 명이 수강한 그 교육과정에서는 교육생들이 모두 단편 시나리오를 작성하여 발표를 하게 하고 두 편의 작품을 선정해 스텝을 구성해 필름으로 단편영화를 제작하는 방식으로 진행되었다.

나는 어떤 시나리오를 쓸까 하다가 내 생활 주변의 경험을 모티프로 글을 써보기로 했다.

나는 직장생활을 하며 친정어머니로부터 가사의 도움을 받았다. 큰오빠가 돌아가시고 둘째 오빠는 외국에서 근무하게 되자 어머니는 사회 생활하는 두 딸의 집을 오가며 아이들도 챙겨주시고 살림도 도와주셨다. 그런 어머니가 고맙지만 어머니의 성격이 완벽을 추구하고 항상 지시형이기 때문에 부담감과 압박감을 받아온 것도 사실이었다. 고마움과 부담감과 미안함이 어머니에 대한 감정이었다. 나와 어머니와의 관계와 또한 나와 내 딸의 관계를 통해 내리사랑을 깨닫게 된다는 '뒤돌아본다는 것'이란 단편영화의 줄거리는 다음과 같다.

'어느 날 나는 출근을 하며 뒤를 돌아다보게 된다. 뒤를 돌아다보니 어머니께서 베란다에서 내 뒷모습을 보고 계신다. 그동안 줄곧 보고 있었다는 것이 부담되어 그 후에는 뒤에서 보고 있는 것을 의식하면서도 돌아다보지 않는다. 할머니와 남동생과 함께 방을 사용하는 고등학생 큰딸은 언제 방 하나 더 있는 집으로 이사를 가냐며 스트레스를 표현한다. 강아지까지 있어 매일 손자에게 손을 씻으라고 잔소리하는 할머니는 엄청 깔끔하셔서 설거지도 물을 마냥 틀어놓고 오랫동안 하시지만 나는 어머니에 대해 싫은 표현을 못 한다. 그러다가 어머니와 함께 식사를 하던 나는 어머니의 존재에 압박감을 느끼며 한숨을 쉬지만 어머니는 한숨 쉬는 것이 안 좋다며 병원에 가보라고 하신다. 또한 어머니는 대화 중에 이모부가 돌아가셨는데 이모가 혼자 살

> 진로를 일찍 고민하고 방향성 있는 노력을 하자

기가 쓸쓸하다는 이야기를 하신다. 어머니가 이모와 함께 사시면 어떻겠냐는 나의 말에 어머니는 내가 거기를 왜 가냐며 자신이 여기 있는 것이 싫으냐 하시고 파르르 떠신다. 당황한 나는 혼자 살아보고 싶으시다는 말을 한 적이 있어서 그랬다고 하자 어머니는 자신이 한심하다며 몸져누우신다. 언니의 집으로 어머니가 가신 후 나는 딸이 수행평가로 내야 하는 연극표를 못 보았냐는 말에 본 것 같은데 폐휴지 함에 버렸나하는 말을 하게 된다. 미안한 마음과 딸의 성적을 우려하는 마음으로 딸의 국어선생님께 달려간다. 상황을 고려해 달라고 사정을 하게 되는데 딸을 불러 알아보겠다는 선생님의 호의적인 말을 듣고 한시름 놓는다. 자랑하고 싶은 마음에 교무실 앞에서 딸에게 전화를 걸자 딸은 친구와 함께 교무실 쪽으로 걸어오며 학교 오지 말라 했는데 왜 왔냐며 아무렇지도 않게 웃으면서 "엄마 똘아이 아냐?"라고 한다. 그 표현에 놀라서 뭐라고 할 겨를도 없이 수업종이치고 딸은 수업 가야 한다며 뛰어간다. 나는 맥이 빠져 멍한 상태로 무거운 걸음을 옮기며 내가 어머니에게 무심코 이모네 집으로 가셔서 사는 게 어떻겠냐는 이야기를 했을 때 어머니의 심정이 이랬을까 하며 어머니에 대한 미안한 마음을 갖게 된다. 내가 아침에 출근할 때 어린 아들이 자전거를 타고 뒤따라온다. 계속 따라오던 아이는 내가 몇 번 들어가라고 하자 자전거를 돌려 집으로 간다. 나는 가던 걸음을 멈추고 뒤돌아서서 자전거를 타고 가는 아들의 뒷모습을 본다. 그 모습이 마치 어머니가 나를 베란다에서 보고 있는 모습과 같다는 생각을 하게 된다. 어머니가 나의 뒷모습을 보는 것을 알면서도 뒤돌아보지 않았지만 나는 내 자식의 뒷모습은 가던 길을 멈추고 계속 지켜보고 있는 것이다. 어머니처럼……. 그래서 사랑은 내리사랑인가 보다'

내리사랑이라는 주제로 내가 겪었던 생활 속의 에피소드를 모티프로 해서 '뒤돌아본다는 것'이라는 스토리를 시나리오로 엮어 보았다.

독립영화제작학교의 수강생들은 고등학생에서 대학생, 회사원 등 다양한 구성원들이었고 나는 수강생 중 나이가 두 번째로 많은 상황이었다. 여러 편의 시나리오를 각자 나와서 피칭하여 투표를 해서 졸업 작품을 정하는 식이었는데 나는 내가 쓴 시나리오로 영화를 만들어보고 싶다는 생각이 들어서 나름 시나리오를 설명하며 의지를 보였다. 제작경험도 없고 나이도 많았지만 나의 의지가 수강생들에게 전달되어 내 시나리오는 영화제작 두 작품 중의 하나로 선정이 되었다.

10여 명의 스텝이 구성되어 내 시나리오로 단편영화를 제작하게 되었다. 촬영과 조명, 음향, 미술 소품담당, 스크립터, 편집 등 담당을 정하고 배우를 섭외했다. 모든 것이 처음이어서

진로를 일찍 고민하고 방향성 있는 노력을 하자

생소했지만 스텝들의 도움을 받고 내 이야기를 영화로 표현한다고 생각하니 열정이 생겨났다. 할머니와 엄마, 딸, 아빠 역할의 배우를 정하기 위해 인터넷에 공고하고 카메라 테스트를 거쳐 배우를 정했다. 촬영장소는 우리 집과 학교, 아파트 산책로로 했다. 필름 카메라도 대여받고 리허설을 거쳐 촬영에 들어갔다. 이왕에 찍는 것, 잘 만들고 싶은 욕심에 처음 하는 작업이지만 시나리오에 맞추어 하나하나 컷을 연구해 가며 콘티를 그려보았다. 평소에 좋아했던 영화나 드라마의 장면을 참고로 하고 소품들도 직접 챙기고 모자라는 것은 구입해 가면서 나름 미장센도 연구했다. 거실 장면을 더 깔끔하게 찍기 위해 새로 도배하고 소파도 새것으로 구입할 정도로 신경을 썼다. 좋은 화질을 위해 필름으로 찍었기 때문에 연기에서 NG가 나면 반복할 때마다 비용이 많이 나갔다. 그래도 좋은 장면을 얻기 위해 다섯 번, 여섯 번 반복해서 찍기도 했다. 처음 경험하는 단편영화제작이 즐겁기도 하고 새롭기도 했지만 여러 상황의 어려운 점을 경험하는 계기가 되었다.

어려웠던 점은 첫째 장소선정 문제이다. 아무 데에서나 부담 없이 찍으면 될 것 같지만 사실은 그렇지 않다. 내가 사는 아파트의 산책로라고 쉽게 생각해서 스텝들과 함께 카메라를 내려놓은 순간 경비아저씨들이 곳곳에서 모여들며 뭐하는 거냐고 한다. 그리고 아파트관리사무소의 허락을 받아야 한다고 한다. 관리사무소로 가자 미리 공문을 보내서 승인이 나야 한다며 사정을 해도 소용없다. 카메라를 비싸게 빌리고 배우, 스텝들이 시간을 어렵게 내어 왔다고 해도 철수해야 한다. 그래서 미리 다 알아보고 준비를 철저히 해야 한다는 것을 배우게 되었다. 그리고 짧은 하나의 컷을 위해서라도 좋은 컷을 얻으려면 발품과 수고를 아끼지 말아야 한다. 할머니가 주인공을 베란다에서 지켜보는 장면을 찍을 때 아파트 안에서 찍는 것은 우리 집에서 찍었지만 할머니 시선으로 본 주인공의 모습을 위에서 찍는 것은 우리 집에서 찍는 것보다 나무가 우거진 다른 아파트에서 찍는 것이 좋겠다고 여겨졌다. 생각한 컷이 나오려면 전혀 모르는 집에 들어가서 찍어야 하기 때문에 그 집주인이 있는 시간에 찾아가서 설명하며 협조를 부탁해야 한다. 들어줄지 아닐지도 모르면서 사정을 해야 했는데 다행히 허락을 받아 그 신을 찍을 수 있었다.

둘째, 동작의 디테일에 신경을 써야 한다. 베란다에서 보는 컷을 찍기 위해 다른 집에서 찍을 때 주어진 시간에 빨리 찍기 위해서 노력을 해야 했고 촬영 담당하는 사람이 카메라를 찍는 순간에 배우가 지나가기 위해 다른 스텝은 아래에서 기다렸다가 아파트 안에 있는 스텝의 전화를 받고 배우에게 액션을 취하

진로를 일찍 고민하고 방향성 있는 노력을 하자

라고 전달해야 했다. 또 주인공이 학교를 찾아가는 장면에서도 학교교문을 들어설 때 운동장에서 자연스럽게 노는 학생들의 모습을 담기 위해 휴대전화로 동작을 시작하라고 전달하는 식으로 일상의 자연스러운 모습을 담도록 노력했다. 교무실 안의 학생들의 자연스러운 모습이라든가 계단과 교실에서 주인공을 둘러싼 학생들의 자연스러운 동선과 동작을 담기 위해 세세한 것까지 신경을 썼다.

셋째, 소품과 의상에 신경 써야 한다. 할머니의 무릎에 붙인 파스가 여러 번 촬영하다 보니 너덜너덜 해졌다. 모두 지친 상황이어서 빨리 찍고 싶은 마음도 있었지만, 나중에 후회할 것 같아서 모두 기다리게 하고 다시 파스를 사다가 붙여서 찍었다. 여고생 딸이 방에서 공부할 때 주황색 귀마개를 하고 있었는데 재촬영할 때 그 귀마개를 찾을 수 없었다. 아주 작은 소품이지만 디테일을 살리기 위해 역시 모두 기다리는 가운데 다시 구해다가 촬영을 했다. 또 주인공이 과일접시를 들고 거실로 가는 장면에서 접시에 키위가 있어야 해서 재촬영시 키위를 사다 놓았다. 그런데 껍질을 깎고 보니 골드키위여서 원래 녹색과 달랐다. 다시 녹색키위를 구하기 위해 여러 군데 과일가게로 뛰어다녀야 했다. 영화를 찍으며 사소한 것이라도 꼼꼼히 신경을 써야 한다는 것을 경험했다.

넷째, 감정조절을 하고 전체를 생각해야 한다는 것이다. 카메라를 대여받고 모든 스텝이 기다리는데 딸 역할의 배우가 아파서 늦게 왔다. 오전 내 기다리다가 겨우 촬영을 시작했는데 교복을 입는 신인 줄 알고 먼저 입었던 분홍색 티셔츠를 안 갖고 왔다고 한다. 기다리는 것도 어려웠는데 못 찍을 상황이 되자 너무 화가 났다. 그러나 화를 내면 분위기가 망가지고 모든 것이 무너질 것 같았다. 그래서 화를 조절하고 방법을 강구하여 큰딸아이 옷 중에서 분홍색 티셔츠로 대체해 찍어 상황을 넘겼다.

다섯째, 자존심을 버리고 배우려는 자세로 임해야 한다는 것이다. 함께 영화제작에 참여한 수강생들은 영화에 관심을 갖고 촬영과 편집 등을 배워왔던 사람들이어서 뒤늦게 영화제작을 배우기 시작한 나보다 아는 것이 많았다. 나이가 많은 사람이 어린 사람들에게 물어보는 것이 자존심이 상하고 부끄럽기도 했지만 도움을 많이 받았다.

여섯째, 비용문제다. 수강생들 한 팀당 300만 원이 지원됐지만 좋은 화질을 위해 1억에 상당하는 고가의 필름 카메라를 대여하고 필름 값과 배우출연료, 식비 등을 감당하다 보니 생각보다 비용이 더 지출되었다. 또 필름을 현상하고 더 좋은 소리를 위해 녹음실에다 음향작업을 부탁했다. 자꾸 더 좋은 결과물을 바라다보니 음악도 피아노 창작곡을 삽입하게 되었다. 자막작

진로를 일찍 고민하고 방향성 있는 노력을 하자

업까지 마치고 17분짜리 단편영화제작에 천만 원 정도의 비용이 들어가야 했다.

여섯째, 뒷심을 발휘해 끝까지 책임을 져야 한다.

시나리오 작업 단계. 콘티 작업 단계, 촬영단계에서는 모두 나름대로 희망을 품고 참으며 작업에 참여한다. 그러나 촬영이 끝나고 편집단계 이후부터 마무리까지가 쉽지 않다. 상업영화는 정해진 기한 안에 책임소재가 분명한 사람들이 역할을 담당해 보수를 받고 일을 진행하지만 어느 정도 영화동호로 모인 관계에서는 끝마무리에서 지쳐가기 때문에 완성된 결과물을 손에 넣기까지 쉽지 않다. 모든 것이 연출자 책임이므로 연출자가 어떻게든 끝까지 마무리를 해야 한다. 필름 작업이었기 때문에 내가 현상소를 여러 번 오가며 네가 편집, 텔레시네, 색보정, 프린트 과정을 거쳐야 했고 영화진흥위원회에 가서 자막작업까지 마쳐야 했다.

처음 찍은 영화가 필름 영화여서 새로운 것을 계속 경험하며 배운 것도 많았으나 너무 힘들다는 생각에 다시는 못할 것 같다는 생각도 들었다.

우여곡절 끝에 17분짜리 작품을 완성하고 수강생들과 가족들, 친구들이 모여 영화관에서 시사회를 한 날, 내가 하나의 영상결과물을 만들어냈다는 것이 실감이 갔다. 내가 쓴 시나리오가 영상과 소리, 음악이 결합된 종합예술작품으로 완성되어 많은 사람이 어두운 공간에서 나의 이야기를 이해하기 위해 집중하고 있다는 사실이 나를 설레게 했다. 그리고 내가 느꼈던 감정과 내가 이야기하고자 하는 의도에 공감하는 사람이 있다면 보람 있는 일이라는 생각도 들었다.

영화를 만드는 것은 여러 상황에 비유될 수 있겠지만 음식을 만드는 것에 비유될 수도 있을 것이다. 재료가 좋아야 하고 적절하게 양념도 해야 하며 정성을 쏟아 하나하나 세심하게 만들어가야 한다. 하나의 영화를 만들고 나서 보람도 있었고 아쉬움도 남았다. 과연 나의 의도가 제대로 전달되었나? 연출과정에서 남의 말에 휘둘리지 말고 촬영이나 편집에서 내 주장을 더 반영할 걸 하는 아쉬움도 들었고 모든 것이 백 프로 만족할 수는 없었다.

어쨌거나 나는 처음으로 쓴 시나리오 '뒤돌아본다는 것'의 연출자가 되어 작품을 세계 단편 영화제에 출품을 하게 됐다. 영화제에 출품하는 것도 쉬운 일은 아니었다. 출품서도 모두 영어로 작성해 제출해야 했고 모든 대사를 영어로 바꾸어야 해서 큰딸 아이의 도움을 받았다. 영어 자막이 있는 영상으로 다시 만들어 출품을 한 결과 2006년도에 서울세계단편영화제에서 33개국에서 출품된 165작품 중 동상을 받게 되었다.

진로를 일찍 고민하고 방향성 있는 노력을 하자

　다시는 단편영화를 못 만들겠다 생각했지만, 그 후에 디지털 영화제작 과정을 거치며 '클로버쫑'이라는 단편, 또 고등학교 선생님들과 연극영화 부전공 연수를 받으며 졸업 작품으로 '결석계'라는 단편영화를 제작했다.

　2007년도부터 시나리오 과목을 학교에서 가르치게 되었는데 시나리오 교과서가 개발이 안 된 상태였다. 그래서 서울시 교육청의 지원을 받아 우리 학교에서 교과서를 개발하게 되었는데 내가 영화감독님과 대학교수님과 시나리오 작가분들을 섭외하게 되었다. 시나리오의 구조와 인물, 시나리오 작법 등을 내용으로 하는 시나리오 교재를 거의 1년여에 걸쳐서 개발하게 되었고 지금은 고등학교 교과서로 사용하고 있다.

　2000년부터 나는 내 주변 환경의 새로운 변화에 적응하며 컴퓨터와 시나리오, 영화제작을 배우게 되었다. 그 과정에서 나는 교직 생활과 더불어 세 자녀를 키우는 엄마로서 아이들의 교육 문제에도 나름 신경을 쓴다고 여겼다. 그러나 지금 생각하면 부족한 부분이 많았다.

　큰딸은 초등학교 때부터 미술에 관심을 보였고 중1이 되자 패션디자이너가 되겠다며 미술을 전공하겠다고 했다. 미술학원을 끈기 있게 다니며 목표가 뚜렷해지자 나름의 공부도 열심히 하는 편이었다. 평소에 미술학원에서 하루에 4시간 이상, 방학 때는 거의 온 종일 그림을 그리는 것이 힘들어 보여서 전공을 바꾸면 어떻겠냐고 말해본 적도 있는데 그때마다 큰딸아이는 미술 이외에는 하고 싶은 게 없다며 미대 진학에 대한 준비를 꾸준히 했다. 그래서 큰딸아이는 내신 관리도 하고 실기도 준비하여 자신이 원하는 미술대학의 시각디자인과에 진학했다.

  나는 내가 사회생활을 하며 새로운 것들을 배우는 과정에서 큰딸아이가 자신이 원하는 방향으로 대학진학을 했기 때문에 둘째 딸과 막내인 아들도 알아서 할 거라고 내게 편리하게 생각했던 부분이 있었다. 둘째 딸 연희가 "엄마는 내가 장래 뭐가 되면 좋겠어?"라고 물을 때면 반장을 도맡아 하고 활발한 아이의 성격을 생각하며 뭐가 좋을까 싶다가 "기자"라고 이야기 해주었다. "기자?"라고 받아들이던 아이는 은연중에 그 생각을 했는지는 몰라도 실제 대학을 준비하며 공부할 때는 전공을 뚜렷하게 정하고 공부하지는 않았다.

  내가 예전에 그랬던 것처럼 연희도 그냥 좋은 대학을 목표로 공부했던 것 같다. 고등학교 3년 내내 반장을 하고 학교대표로 금강산도 다녀오고 교내 글짓기 대회에서 수상도 하며 사진반에서 활동도 했지만 뚜렷하게 목표 대학과 전공을 정하지는 않았다. 수능을 대비해 모의고사 등급을 올리려고 노력했지만, 자신의 직업과 가고 싶은 대학에 대한 조사와 정보 수집은 구체적으

진로를 일찍 고민하고 방향성 있는 노력을 하자

로 하지 않았다. 3학년이 되어 수시모집에 대부분의 학생이 상향 지원하듯이 연희 역시 정시를 염두에 두고 수시는 다양한 학교의 다양한 과에 합격하고 싶은 염원을 담아 지원했다. 결과는 수시지원에서는 성공을 못 했다. 지원한 과는 경영학과, 인문계열, 사회계열 등이었다. 정시를 대비했지만 수능 등급이 나온 후에는 안전지원을 해야 하니 쉽게 상향지원하기가 어려웠다. 수능 성적에 맞추어 지원한 곳이 가군은 집에서 30분 거리 남녀공학 국문과, 나군은 1시간 거리에 있는 남녀공학 신방과, 다군은 1시간 반 거리의 여대 언론영상학부이다.

2009년 2월에 나는 세 번째 단편영화 '결석계'를 고등학교 선생님들과 제작하고 있었다. 학교를 배경으로 하다 보니 교실에 여러 명의 여학생이 나와야 했다. 나는 연희에게 부탁했고 연희는 활발한 성격이므로 친구들 10여 명을 데리고 와서 나를 도와주었다. 그리고 자신도 주인공 뒤에서 받쳐주는 역할로 출연하며 영화제작에 참여했다. 영화제작 마무리 과정에서 틈틈이 연희와 정시지원에 대해 고민하고 세 학교를 지원해 놓은 상태였다. 결과는 가, 나, 다군의 세 대학교에 모두 합격을 했다. 그리고 가군의 국문과에 등록을 할 거라고 결정을 한 상태에서 대학 등록을 해야 하는 마지막 날이 되었다. 연희는 갑자기 국문과에 가고 싶지 않다고 말했다. 등록 마지막 날에 그러니까 갑자기 혼

돈이 왔다. 다군의 언론영상학부에 마음이 간다는 거였다. 그래서 오전에 다군의 학교를 함께 가보게 되었다. 사실 자신이 다닐 대학을 등록 당일 날 처음 가본다는 것도 있을 수 없는 이야기인데 아무튼 상황이 그날 처음으로 그 학교를 방문하게 되었다. 지하철과 버스를 타고 1시간 반을 들여 도착한 대학은 깔끔하고 느낌이 좋았다. 학교 분위기도 좋았고 학생들도 단정해 보였다. 과 사무실에 들러서 조교로부터 학교와 학과에 대한 설명도 들었다. 사실 그런 과정이 고등학교 재학 중에 있어야 했는데 등록 당일에 이루어졌으니 너무 늦은 것이었다.

집으로 오는 길에 나군의 남녀공학 신방과를 둘러서 편집실과 강의실을 돌아보았다. 또 오면서 가군의 남녀공학 국문과의 과사무실에서 면담하고 강의실을 둘러보았다. 중 고등학교 때 여러 대학을 방문해 보기도 했지만 자신이 정작 다녀야 할 곳을 구체적으로 방문해 탐색하는 과정이 등록 당일 날 이루어졌다는 것이 정말 스스로 어이없게 여겨졌다.

집으로 돌아오는 전철 안에서 나와 연희는 어느 대학에 등록을 해야 할지 혼돈에 빠졌다. 연희가 고민하는 중에 나도 생각에 잠겼다. 연희의 장래희망이 기자나 PD이고 방송과 영상 관련 과목을 공부하고 싶다면 어느 대학을 선택해야 하는 것인가? 내가 먼저 나서기 보다는 스스로 고민하게 놔두었다. 너무 뒤늦

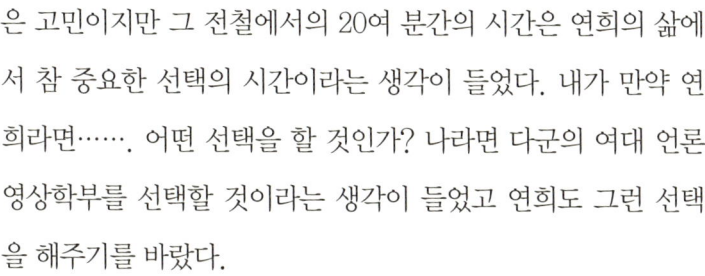
진로를 일찍 고민하고 방향성 있는 노력을 하자

은 고민이지만 그 전철에서의 20여 분간의 시간은 연희의 삶에서 참 중요한 선택의 시간이라는 생각이 들었다. 내가 만약 연희라면……. 어떤 선택을 할 것인가? 나라면 다군의 여대 언론영상학부를 선택할 것이라는 생각이 들었고 연희도 그런 선택을 해주기를 바랐다.

전철에서 내려 걸어가면서 계속 고민을 하던 연희는 결정했디며 나군의 대학을 가겠다고 했다. 그리고 아빠에게 전화해 다군의 대학에 등록금 입금을 부탁했다. 그렇게 연희는 4년을 다닐 학교를 등록 당일 날 대학을 둘러보고 그날 최종 결정을 했다.

그렇게 시작한 연희의 대학 생활은 집에서 거리가 멀기에 난관에 부딪혔다. 왕복 3시간 이상 걸리니 몸도 피곤하고 시간도 많이 걸렸다. 의욕에 차서 시작한 방송반 활동도 아침 5시에 나가서 아침방송을 해야 하니 고등학교 때보다 더 일찍 가고 힘들었다. 기대에 차서 시작한 대학생활은 한 학기가 지나며 맥 빠진 듯이 보였다.

아쉬움이 있고 재도전의 의지가 있다면 다시 입시에 도전해보는 것은 어떨까 싶어 나는 반수를 권했다. 연희는 자신 없어 하고 망설였지만 나는 입시학원을 알아보고 연희를 설득해 등록을 시켰다. 그날 저녁에 남편에게 상황을 이야기하자 남편은 화를 냈다. 학교 잘 다니는 연희를 부추기고 왜 남의 인생에 개입하냐는 거였다. 졸지에 연희문제로 부부가 다투게 되고 계속 대학을 다니며 미래를 향해 앞서 가라는 아빠와 한 번 더 도전해보라는 엄마 사이에서 연희의 의견을 듣기로 했다. 잠시 후 연희는 울먹이며 말했다. 대학 계속 다니며 영어공부 열심히 하고 더 노력하겠다고. 글쎄……. 자신의 미래에 대해 더 구체적으로 미리 고민하고 대비하지 못했던 연희와 그 옆에서 더 많이 도와주지 못했던 나는 갈팡질팡 했었다. 그래도 연희는 늦었지만 등록 당일 날, 또 반수를 할까 하는 선택의 시간에 나름대로 자신의 주관을 밀고 나갔다. 그런 면에서 연희는 무조건 공부했고 남의 시선에만 연연해하던 나의 과거보다는 용기 있다고 여겨진다.

연희는 학점관리도 잘하고 토플 성적도 향상했다. 장학금도 타고 경영학을 복수 전공하는 기회도 얻게 되고 3학년 1학기를 마치고 미국에 교환학생으로 가게 되었다. 지금 연희는 1년의 교환학생 생활을 마쳤고 그 과정에서 외국친구들도 많이 사귀고 영어로 발표하는 수업, 영어 리포트 작성과 시험을 무사히 잘 치러내며 배낭여행도 경험했다. 그리고 지금 4학년 2학기로 복학 준비를 하고 있다. 그리고 여름방학 중 인턴사원으로 회사의 마케팅 부서에서 실습을 하고 있다.

연희는 언론영상학부에 진학한 후 2학년 때 언론학과와 방

진로를 일찍 고민하고 방향성 있는 노력을 하자

송영상학과를 선택할 때도 고민을 했었다. 처음에는 언론학과를 선택했다가 다시 선택할 기회가 주어졌을 때 방송영상학과로 최종결정을 했다. 연희가 최종 원하는 것은 방송국 PD이고 지금 언론사 취업을 위해 시험을 준비 중이다. 연희는 어려서부터 방송국 기자나 PD를 원했던 것이다. 많이 돌아서 길을 갔고 갈등도 있었지만 결국 자신이 바라는 방향으로 한발 한발 다가가고 있다.

연희가 방송영상학과에 진학하게 되어 나 역시 많은 도움을 받았다. 나는 연희와 함께 시나리오와 영상에 대해 대화를 나누기도 하고 연희로부터 수업방법에 대한 조언을 듣기도 했다. 최근에는 내가 시나리오를 쓰고 연희가 연출을 하여 영상공모전에 참가하기도 했다.

사실 우리의 삶은 정말 그 누구의 것도 아닌 자기 자신의 삶이다. 그래서 자기 주도적 삶이라는 말은 정말 소중한 말이다.

나의 삶을 돌이켜보면 자기 주도적이지도 않았고 자신을 사랑한 삶도 아니었다. 그런 내가 나만의 색깔을 찾고 나를 소중하게 여기게 된 것은 시나리오와 영화제작을 하게 되면서라고 할 수 있겠다.

나는 학창시절에 내 성격이 어떤지 또 내가 무엇을 잘하고 좋아하는지도 잘 몰랐다. 그저 주어진 틀에서 무조건 성실히 잘해야 한다는 생각으로 지냈다. 그런데 잘해야 하고 열심히 해야 하는 것이 내가 가치 있다고 여기고 좋아하는 것이 아니라 세상 사람들이 정해놓은 형식에 맞추어서 하다 보니 나 스스로 자신에게 자부심을 느끼지 못했던 것 같다. 나는 성격검사를 교사가 되어서 학생들이 할 때 함께 해보면서 나의 성격이 INFP 유형이라는 것을 알게 되었다. Introversion(내향), Intuition(직관), Feeling(감성), Perceiving(인식) 유형인 나의 성격은 교사 중에는 별로 없는 성격이어서 나는 내 성격유형을 남에게 밝히기를 부끄러워했다. 대부분 조직생활에 잘 적응하는 경우는 E(Extroversions), S(Sensing), T(thinking) J(Judging)의 외향, 감각, 사고, 판단형이다. INFP 성격은 이상을 추구하는 형이라고 한다. 호기심이 많고 열정적이고 낭만적이며 책과 여행과 예술을 좋아한다고 한다. 학교와 같은 조직사회에서 분명하게 행동하고 논리적이며 이성적으로 일을 해야 하는데 구름 잡는 내 성격이 스스로 안 좋은 성격이라고 생각하고 위축됐다.

사람마다 개성과 취향이 다르다면 남과 다른 점을 인정하고 자신의 장점을 특화시켜야 한다.

나는 나의 주변 환경이 바뀌면서 뒤늦게 시나리오를 배우게 되고 단편영화를 만들면서 내 성격과 취향에 맞고 내가 좋아하고 잘할 수 있는 것을 찾게 되었다.

진로를 일찍 고민하고 방향성 있는 노력을 하자

　나는 나의 전공이 바뀌어 내가 시나리오 과목을 가르치고 단편영화를 만들게 될 줄 몰랐다. 그러나 예전에 내가 책을 읽으며 몰두해서 빠져들고 또한 그 내용의 이미지를 떠올려보며 상상을 하던 것들이 내가 시나리오를 쓰고 영화를 만드는데 도움이 되었다. 예전에 혼자 영화관을 찾아가서 그 스토리에 푹 빠지는 경험을 했다든가, 살림을 하는 주부지만 꼭 보고 싶은 연극이니 콘서트, 연주회, 뮤지컬은 비싼 비용을 주고라도 좋은 자리에서 본다든가 하는 경험이 역시 시나리오 쓰기와 영화제작에 도움이 되었다. 그리고 일상생활에서도 어떤 인상적인 상황이나 이미지는 메모를 하거나 일기를 썼던 것도 영화의 모티프 설정에 도움이 됐다.

　'해피피트'라는 영화가 있다. 노래를 잘하는 펭귄들이 인정받는 펭귄사회에서 음치이며 탭댄스를 잘 추던 주인공 펭귄은 자격지심이 있었는데 사람들에게 잡혀 동물원에 갇히게 되고 남극의 생태를 연구하려는 사람들에 의해 전자장치가 부착되어 고향으로 돌아오게 된다. 주인공에게 탭댄스를 배워 펭귄무리들이 춤을 추게 되고 그 상황이 생방송으로 전 세계에 방영되어 사람들은 남극을 보존하자며 개발을 포기하게 된다. 결국 다른 펭귄들과 달랐던 주인공 펭귄은 자신의 단점이 오히려 장점으로 부각되어 펭귄사회를 구하게 된다는 내용이다. 이 영화를 통해 자신이 대다수의 사람과 달라도 자신의 개성을 바람직하게 발전시킨다면 자신도 행복하고 남을 도울 수도 있다는 교훈을 얻는다.

  나는 상상과 감성적인 것을 추구했고 반복적인 것과 제약을 답답해했으며 그런 나 자신에 대해 자신을 소중하게 여기지 못했었다. 그런데 내가 좋아하는 분야를 뒤늦게 만나게 되어 열정을 찾게 되었다. 사실 학창시절에 공부를 하며 밤을 새웠던 적은 없었다. 그런데 단편영화를 제작하면서 시나리오를 쓰고 영화를 찍기 위해 콘티를 그리면서 밤을 새웠다. 당장 아침에 스텝들이 기다리고 있을 생각을 하고, 촬영을 시작해야 하는 상황을 생각하니 밤을 새우고 준비를 할 수밖에 없었고 그 과정이 힘들어도 만족과 즐거움이 있었다.

  우리는 살다 보면 어떤 상황이 자신에게 닥칠지 모르니까 변화에 대응하는 자세와 능력개발이 필요하다는 생각이 든다.

  내가 공감하는 말 중에 "흔히 사람들은 기회를 기다리고 있지만 기회는 기다리는 사람에게 잡히지 않는 법이다. 우리는 기회를 기다리는 사람이 되기 전에 기회를 잡을 수 있는 실력을 갖추어야 한다."라는 도산 안창호 선생님의 말씀이 있다. 사실 사람들은 세상이 왜 내게 기회를 주지 않냐며 원망을 하지만 막상 기회가 왔을 때 실력이 부족해 아깝게 기회를 잃는 경우도 있다. 그래서 매사에 불평을 하기보다는 착실히 실력을 쌓으며 자신의

진로를 일찍 고민하고 방향성 있는 노력을 하자

능력을 발휘할 기회를 기다리는 것이 현명하다는 생각이 든다.

우리는 학창시절에 미래를 준비하며 인생의 중요한 시기를 보낸다. 그 시기에 무엇을 어떻게 하며 미래를 어떻게 준비할 것인가? 언제까지나 계속될 것 같고 때로는 지루하고 언제 갈까 싶은 학창시절도 훌쩍 지나가버리고 만다. 인생에서 가장 감수성 강하고 에너지 있는 귀중한 시간을 어떻게 보낼 것인가? 우왕좌왕하며 소극적으로 끌려가며 살다 보면 남는 건 아쉬움이다. 어쩔 수 없이 아쉬움은 남는 것이지만 후회를 덜 하기 위해 그 과정을 소중하게 여기고 즐겼으면 좋겠다. 그러기 위해서는 자신이 진정 원하는 것을 고민해서 찾아내고 자신이 좋아하고 잘하는 것을 발견해서 열정을 쏟으며 행복하게 미래를 준비해야 한다.

"Success is never a destination, It's a journey." '성공은 종착점이 아니라 여정'이라는 이 영어명언을 나는 정말 좋아한다. 책을 읽다 보면 때로 지루할 때도 있어 얼마나 남았나? 가늠해 보기도 한다. 그러나 한 장 한 장 읽다 보면 어느새 책을 덮게 되고 읽는 과정을 더 즐길 걸 하는 아쉬움이 들 때도 있다. 사실 성공도 중요하지만 그 준비하는 과정이 고통으로 가득 차고 정말 억지로 하는 것이라면 그 성공만으로는 너무 지내온 시간이 아깝다는 생각이 든다. 물론 성공을 위해서는 참고 인내하고 어려운 시간을 필요로 하지만 자신이 진정 원하는 목표를 정해서 자신에게 맞고 좋아하는 일을 찾아 노력 한다면 그 과정은 힘들지만 행복할 것이다.

  나의 삶을 돌이켜보면 초, 중, 고 시절 정말 가장 빛나는 시기에 별 경험도 없이 무조건 남의 시선을 의식하며 공부만 했던 것이 아쉽게 느껴진다. 물론 학창시절에 하는 공부는 인내심을 키워주고 살아가는 지혜를 주며 인생의 모든 면에 자양분이 되는 것은 확실하다. 그래서 대학이든 직장이든 공부 잘하는 사람을 좋아한다. 시험을 이겨낸 사람이 인내심 있고 모든 문제를 해결할 능력이 있다고 인정하는 것이다. 그러나 그 공부가 미련하게 방향성도 없이 공부를 위한 공부, 남에게 인정받기 위한 수단으로서 활용도가 없는 죽은 공부라면 너무 그 쏟은 시간과 에너지가 아깝다. 특히 자신이 무엇을 잘하고 좋아하는지도 파악을 못하고 자신의 장점을 개발하지도 않은 채 점수와 대학 진학만을 위한 공부라면 가장 개성을 발휘할 수 있고 지적 수용능력이 큰 청소년 시기를 낭비하는 안타까운 상황이 된다.

  내가 학교 다닐 때는 적성검사, 성격검사, 진로 탐색과정 그런 것들이 전혀 없었다. 또 동아리 활동이나 체험활동이나 봉사활동 같은 그런 학습 이외의 활동도 없었다. 내가 무엇을 좋아하고 잘하는지도 몰랐고 그저 학교 성적으로만 줄 세우기를 하니 오로지 공부로만 평가를 받으므로 방향도 없이 무조건 미련하게

진로를 일찍 고민하고 방향성 있는 노력을 하자

공부했던 것 같다. 요즘은 학교현장에서 예전보다 진로 선택에 대한 준비과정이 강화되고 있는데 정말 바람직한 현상이다. 요즘 학생들은 이런 진로를 준비하는 과정이나 체험활동을 당연하고 때로는 귀찮게 여길지도 모르겠다. 교과 이외의 모든 활동도 평가대상이 되어 대학진학에 반영되니까 그조차도 부담으로 여겨질 수도 있다. 그러나 교육도 오랜 세월 동안 시행착오를 거치며 꾸준히 발전해 온 것이므로 지금 이루어지는 진로 관련 교육이나 각종 체험 활동은 학과공부 못지않게 자신의 진로를 정하고 미래의 다양한 상황에 적응하며 살아가야 할 현재의 학생들에게 꼭 필요한 과정이다.

나는 내가 좋아하고 잘하는 것에 대해 많이 탐색하고 대학과 전공에 대해서 알아보고 할 기회를 갖지 못했다. 무조건 공부하고 대학과 전공도 성적에 맞추어 정했다. 내가 경영학을 전공했던 것이 지금 생각하면 나의 세상 보는 시야를 넓혀주고 교직의 길로 들어서게 했다는 점에서 오늘의 나를 있게 한 계기가 되었다는 생각은 든다. 모든 것이 종합된 영화제작을 함에 있어서 감독에게 필요한 것은 경영능력이라고 하는데 그런 면에서 내가 경영학을 전공한 것도 많은 도움이 되었다.

그러나 내가 초, 중, 고 시절에 나의 적성을 더욱 파악하고 미래의 직업을 보다 구체적으로 고민하며 대비를 했다면 시간을 더 알차게 보냈을 것이라는 아쉬움이 든다. 더 많은 책을 읽고 더 완성도 있는 결과물들을 만들어내지 않았을까 하는 생각이 든다. 열정은 살아가며 나이에 상관없이 꼭 필요한 것이지만 자신의 관심사와 잘할 수 있는 것을 더욱 일찍 발견하고 개발한다면 그 나이에 맞는 감성과 아이디어를 살려 문학이든, 음악이든, 영화든, 발명품이든 어떤 좋은 결과물들을 세상에 내고 사람들에게 감동과 도움과 편익을 줄 수 있을 것이다. 같은 노력을 하더라도 자신이 잘할 수 있는 분야에서 노력을 할 때 그 과정이 본인도 행복하며 그 결과도 사람들에게 행복을 나누어 줄 수 있는 것이 될 것이다.

　우리 삶의 시간은 제한되어 있다. 무한이 아니므로 사람들은 더 열심히 자신의 삶을 가꾸어가려고 노력을 한다. 한번 주어진 자신의 삶에서 자신이 하고 싶었던 것을 미처 해보지 못하고 삶을 마감한다면 얼마나 아쉬운 일인가? 자신의 적성과 취미와 능력에 맞지 않는 것을 목표로 시간을 낭비한다면 우리에게 주어진 시간이 너무도 아깝다. 그래서 지금 인생을 준비하는 10대들은 당장 학교 성적과 수능 점수, 남들의 인정과 시선들도 전부 중요하다.

　그러나 정말 중요한 것은 무조건이 아닌 방향성 있는 노력이다. 그래서 그 방향을 찾기 위해 잠시 공부를 접고 시간을 내서

진로를 일찍 고민하고 방향성 있는 노력을 하자

라도 어떤 방향으로 가야 할지 진지하게 고민하는 시간이 필요하다. 자신의 방향을 잘 못 정할 수도 있다. 그렇다면 방향을 수정할 수도 있다. 그러기 위해서는 성격과 적성을 제대로 파악하고 진로 탐색을 하고 직접 체험해 보는 활동이 필요하다. 그리고 왜 그 방향을 정했는지 내가 정한 목표는 가치가 있고 내가 어려움을 감수하며 즐겁게 가는 길의 도착집인지 고민해야 한다. 그리고 나이 듦에 기죽지 않은 열정으로 자신의 길을 가야 한다. 앞으로 평균수명이 길어지는데 생계수단일 뿐 아니라 자신의 가치와 열정을 바쳐 자신이 잘할 수 있는 분야를 찾아내는 것이 필요하다. 자신의 꿈을 향해 즐겁게 방향성 있는 노력을 기울이며 사람들과 더불어 살며 이타적인 삶을 추구할 수 있기를 기원한다.

내 가슴에 귀 기울여 | **네 번째 이야기**

기회는
준비하는 자에게
주어진다

기회는 준비하는 자에게 주어진다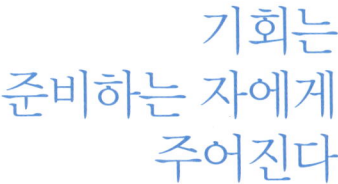

기회는
준비하는 자에게
주어진다

이곳에서
지금부터

　　　　　　유년시절의 나는 출생에 대한 불공평함과 이해할 수 없는 한계에 억눌려 숨 죽인 방황을 하였다. 유복자로 태어나 아버지로부터 받아야 할 사랑과 보살핌의 결핍에서 오는 허전함이 나를 괴롭혔다. 그러면서도 어머니를 의식해 모든 행동을 조심하며 지냈다. 절대 들어서는 안 되는 말을 마음속에 새겨놓고 행동했다. '아비 없는 호래자식'이라는 말만은 듣지 말자고 다짐하곤 했다. 친구들이 아버지 이야기를 할 때면 귀를 기울여 들었다. 젖동냥하듯 부정을 귀동냥하였다.

　나이 차이가 있는 누나는 일찍 출가했고, 형은 군에 입대하는 바람에 나는 어머니와 단둘이 유년시절 대부분을 보냈다. 학교에서 돌아오면 어머니는 항상 논 아니면 밭에 계셨다. 어머니는 말썽 없이 건강하게 자라는 것으로 만족해하셨다. 숙제 했느냐고 묻는 일도 없었고, 공부하라고 다그치는 일도 없었다. 시골이라 공부를 하는 아이들보다 집안일을 돕는 아이들이 더 많았다. 그런 환경은 학교에 갔다 오면 공부보다는 친구들과 어울려 노는 시간이 대부분이었다. 노느라 숙제를 제대로 못해 갈 때면 손바닥을 맞는 것으로 대신하곤 했다.

컴퓨터가 없던 시절이라 논다는 것은 자연과 더불어 하는 놀이가 전부였다. 특히 물가에 다니며 더듬어 고기를 잡는 것을 즐겼다. 논에서 우렁이를 잡던가, 게를 잡기도 했다. 메뚜기, 미꾸라지, 송사리, 지렁이 심지어 뱀까지 가지고 놀며 지냈다. 땔감으로 나무를 하는 친구를 따라가 같이 나무를 하고, 칡을 캐서 먹고, 야생열매들을 따 먹고 놀았다.

특별히 좋아하는 취미도 없었던 것 같다. 고등학교에 들어가서야 역사과목을 좋아하고 영어를 좋아했다. 그 과목을 좋아하게 된 동기는 선생님께서 재미있게 가르쳐주셔서 그랬다. 주위에서 누가 책을 읽는 분위기도 아니었고 책도 없었다. 고등학교 때까지 접한 책은 소설 한 두권에 교과서가 전부였다. 의무적인 수업시간과 공부만으로도 중간성적을 유지할 수 있었던 것은 지금 생각해도 실웃음이 지어진다.

기회는 준비하는 자에게 주어진다

고등학교 3학년이 되자 대학을 목표로 공부하는 학생과 취업을 하거나 더는 학업을 하지 않을 학생으로 구별되기 시작했다. 나는 대학 진학반에서 공부를 했다. 어머니는 내가 대학에 합격만 하면 어떻게 해서라도 가르치겠다고 하셨다. 그 말의 뒷심에는 형들을 믿고 하는 말이기도 했다. 그때 어머니 나이가 환갑을 바라보고 있었다. 언제부터 든 생각인지 몰라도 형들도 가지 않은 대학을 형들의 도움을 받으며 공부를 한다는 것이 싫었다. 더구나 대학에 간다고 해도 어머니 연세에 4년간 더 나를 위해 농사를 지어야 하고, 군대까지 합하면 7년을 더 시골에서 일할 수밖에 없다는 현실이 싫었다. 농사일은 중노동이었다. 어머니에게는 더더욱 그랬다.

나는 막연히 고등학교를 마치자마자 독립해 일하면서 야간대학이라도 다녀야겠다고 결심했다. 그러던 어느 날, 수업시간에 베레모를 쓴 특전사령부 장교가 교실에 들어왔다. 그는 거수경례로 인사를 하더니 3사관학교 생도 모집에 대한 내용을 설명해 나갔다. 2년 교육과정이며, 교육을 마치면 소위로 임관하게 되고 초급대학 자격을 받는다는 내용과 임관 후 각종 혜택에 대해 설명하였다. 본인 노력에 따라 해외유학도 가능하다고 했다.

그의 설명을 들으면서 많은 생각이 교차했다. 2년 동안 훈련만 잘 버티면 장교로 군 생활을 할 수 있고, 초급대학 자격을 따면 야간대학에 편입할 수 있을 것이다. 의무복무기간이 5년이니 7년만 고생하면 된다. 어차피 대학에 가서 4년, 군대 3년 의무복무를 해야 하니 7년이 필요하기는 마찬가지다. 학비도 안 들고 초급대학 졸업장을 받게 되니 밑지는 장사는 아니지 않는가? 나는 그 시간에 결심해 버렸다. 3사관학교 시험에 응시하기로.

어머니나 형들이 알면 반대할지 몰라 비밀리에 원서를 접수했다. 필기시험도 신체검사도 몰래 치렀다. 뒷집 아저씨에게 경찰이 신원조회를 하는 바람에 어머니가 뒤늦게 알게 되었다. 서울에서 형이 다녀가고 대학에 가라는 권유가 있었지만 나는 물러서지 않았다. 만약 불합격하면 몰라도 합격하고도 입교하지 않으면 기피자 신분이 된다고 신빙성 없는 소문을 앞세워 내 결심을 합리화시켰다. 어머니는 청와대 습격 사건이 있었던 때라 유복자를 군에 보내고 싶지 않으셨던 거였다.

입교를 위해 고향 역을 떠나는 날은 무척 추웠다. 어머니와는 집에서 헤어졌고, 교회 친구들의 배웅을 받으며 나는 영천으로 향했다. 고등학교 졸업이 2월인데, 나는 12월 초에 고향을 떠난 것이다. 나중에 내 고등학교 졸업장을 대신 받아 오면서 어머니는 많이 우셨다고 했다.

친구들이 대학에 입학하여 공부하며 사회진출 준비를 할 때 나는 군인이 되었다. 남북 간에 긴장이 팽팽하던 시기였고 월남

기회는 준비하는 자에게 주어진다

전이 한창이던 때였다. 추운 겨울에 기초 군사훈련을 받아야 했다. 유복자로 사랑받으며 자란 나는 처음으로 극한상황을 경험하게 되었다. 외로움에 시달리며 정해진 훈련과정을 견디어야 했다. 누구의 조언이나 강요에 의해 선택한 길이 아니어서 모든 어려움을 혼자 삭히며 견뎌나갔다. 훈련과정을 견디지 못해 퇴교당하는 동료가 있을 때마다 이대로 집으로 돌아갈 수 없다고 이를 악물었다. 그런 시간이 쌓이면서 서서히 국가가 원하는 군인이 되어갔다. 육체적인 면에서도 그랬지만 정신적으로도 성숙해 가는 나를 보게 되었다.

3사관학교에 입교하기 전까지의 내 모습은 운영프로그램이 없는 컴퓨터 몸체나 다름없었다. 하드웨어만 덜렁 존재하고 있었다. 막연한 생각을 하며 시간에 질질 끌려다녔다. 그동안 공부하지 않은 것에 심한 결핍과 갈증이 나를 괴롭혔다. 초급대학 과정을 가르치겠다고 약속한 군대는 1년이 넘도록 군사훈련만 시켰다. 1년이 지나서야 교양과목을 가르쳤는데 고된 훈련과 같이 짜인 강의는 졸거나 멍한 상태로 시간을 보내기 일쑤였다.

역사를 좋아해서였는지 몰라도 전쟁사 시간은 비교적 눈동자가 말똥말똥했다. 역사는 전쟁의 역사였다. 전쟁은 승자만이 남는 것 같아도 완전한 패배자가 있는 것도 아닌 듯싶었다. 패배자들이 얼마간의 시간을 지나 새로운 승자로 등장하는 경우는 얼마든지 있었다. 그런 싸움에 더 감동을 하며 영원한 승자도 영원한 패자도 없는 전쟁 이야기에 심취했다.

나는 1년 동안 훈련을 받으며 대학입시를 쳐보지도 않고 군에 입대한 선택을 내심 후회하고 있었다. 되돌릴 수 있는 선택이라면 되돌리고 싶었다. 주간훈련을 마치고 야간훈련을 준비하려던 어느 날, 나는 산을 넘는 힘없는 태양을 그냥 바라보며 휴식을 취하고 있었다. 다른 때 같으면 고향을 생각하며 어머니 모습을 떠올렸을 것이다. 그런데 그날 따라 괜히 심각해지며 가슴이 답답했다. 이런 기분은 처음이었다. 대학에 간 친구들을 생각하며 스스로 패자라 여기고 있었다.

텅 빈 하드웨어를 보았다. 그동안 채워 넣은 것이 너무 적었다는 자책이 왔다. 컴퓨터가 겨우 알려지기 시작할 때였다. 컴퓨터는 소프트웨어나 데이터를 입력하지 않으면 아무 기능도 할 수 없다는 것 정도 이해할 때였다. 나는 하드웨어만 가지고 뭔가를 하고 싶어 했고 뭔가 되고 싶어 했다.

그날 밤, 별을 보고 자책했고 달을 보며 학창시절을 후회했다. 그리고 뭔가 새롭게 시작해야 한다고 스스로 다짐했다. 국가를 위한 군인으로서의 훈련도 중요하지만 나 자신을 위한 훈련도 필요하다는 생각을 처음으로 했다. 현실적으로 답답하고 괴로운 환경이었지만 나는 뭔가를 시작하기로 굳게 다짐했다. 바로 이곳에서 지금부터 시작하지 않으면 언젠가 같은 생각을 또 반복하며 후회할 것 같았다. 그래서 야간훈련을 받으면서 계속 다짐했다. 이곳에서 지금부터라고. 영어로 번역해 속으로 중얼거렸다. Right Here, Right now.

전쟁 원칙을
삶의 원칙으로 삼다

모든 것을 새롭게 받아들이기로 했다. 의무로만 여겼던 훈련을 스스로 선택한 것이고 책임져야 할 일이라 여기기로 했다. 그렇게 생각을 바꾸니 위장을 위해 철모에 꽂는 들풀을 꺾는 것이 지겨웠는데 더 멋있게 하고 싶어졌다. 바람에 코를 자극하던 들꽃 향기와 풀 냄새를 새롭게 음미하는 여유로움도 생겼다. 청소년기를 덧없이 보낸 내 모습이 보였다. 나 아니면 보이지 않았던 사물이 보이기 시작하며 뭉클한 감동이 일었다.

나의 청소년기는 주관이 없이 환경만 탓하며 어떻게 되겠지 하는 태도로 일관한 시절이었다. 그때는 텅 빈 내 모습을 보지 못하고 뭔가 차있는 것으로 여기며 교만을 떨었다. 새롭게 시작해야 한다고 정하자 마음을 누르는 생각이 하나 있었다. 나 자신을 위한 원칙을 정하고 실천해 보라는 거였다. 아는 것이 별로 없었던 내가 생각만 할 뿐 원칙을 정하지 못하고 있을 때 〈전쟁 원칙〉에 대해 공부하게 되었다. 갈급하게 뭔가를 찾고 있을 때여서인지 그 내용이 큰 울림으로 가슴을 쳤다. 전쟁이 승리를 위한 인간의 최종적인 수단이라니 그 원칙을 거울삼아 살아가다 보면 어떤 결과든 있을 것 같았다.

전쟁사 교재에 수록된 내용을 나는 메모지에 옮겨 수첩에 넣고 다니기로 했다.

전쟁 원칙

1. 목표(目標, Objective)
모든 군사작전은 결정적이며 달성 가능한 목표를 향해서 지향되어야 한다.

2. 공세(攻勢, Offensive)
오직 공세 행동만이 결정적인 결과를 성취한다.

3. 간명(簡明, Simplicity)
간단한 계획은 현명한 수행을 촉진한다.

4. 지휘권의 통일(指揮權의 統一, Unity of Command)
지휘권의 통일은 공동목표로 향하여 모든 힘이 협동함으로써 노력의 통일을 성취한다.

5. 집중(集中, Mass)
사용 가능한 최대한의 전투력을 결정적인 지점에 투입해야 한다.

6. 병력의 절용(兵力의 節用, Economy of Forces)

결정적인 순간을 위해서 힘을 절약하고 비축해야 한다.

7. 기동(機動, Maneuver)
기동은 군사력의 상대적 전투력을 변환시키기 위하여 사용되어야 한다.

8. 기습(奇襲, Surprise)
기습은 적이 예상치 않았던 시기, 장소 및 방법을 택하여 적을 강타함으로써 성립된다.

9. 경계(警戒, Security)
경계는 적의 활동을 제거하며, 아군에 대한 행동의 자유를 보장한다.

군사적인 용어로 설명하고 있는 점이 더 강렬한 느낌으로 파고들었다. 특히 미래에 대한 목표를 정하지 못하고 있었던 때라 '목표의 원칙'에서부터 도전을 받았다. 의무복무를 염두에 두고 시작한 군 생활이었다. 제대하고 나면 무엇이 되어야겠다는 생각을 심각하게 하지 않았었다. 나 자신에 대해 구체적이고 심각해 보지 않았던 것이다. 전쟁 원칙을 마음에 품으며 나 자신에 대해 심각해지기 시작했다. 그러면서도 확실한 목표나 계획이 서는 것은 아니었다. 그것은 텅 빈 하드웨어 때문이라고 여겼다. 아는 것이 없으니 막연함과 기대뿐이었다. 목표를 세우지 못하던 나는 우선 공부를 시작해야겠다고 결심했다.

내무반에 있는 책들을 읽기 시작했다. 영어 공부도 해야겠다고 마음먹었다. 영어를 잘하면 군사유학을 갈 수 있을 것 같아서였다. 군사영어든 일반영어든 접하는 대로 읽고 외우기 시작했다. 처음에는 힘들었지만, 시간이 지나며 조금씩 적응되었다. 군대가 나에게 보여준 것은 아무리 머리가 나빠도 반복된 훈련을 통해 무슨 일이든 성취할 수 있다는 거였다. 자신을 훈련하는 일이 처음에는 막연하고 팍팍했지만, 시간이 흐르면서 나름대로 성취감을 주었다. 그만두고 싶을 때마다 기도하며 다시 시작하곤 했다.

철모 속에 종이를 넣어 머리를 받쳐주도록 했는데, 통상 잡지에 실린 여자 사진을 넣어 두는 경우가 많았다. 나는 그 종이를 영어 잡지로 바꿨다. 훈련 중 휴식 시간에도 가능한 철모를 훔쳐보며 영어문장과 단어를 읽었다. 모르는 단어가 많아도 그렇게 했다. 책을 가까이하는 습관이 우연히도 군에서 훈련을 받으며 생기게 되었다.

전쟁 원칙도 나름대로 반복해 읽으며 편리하게 해석하고 적응시켰다. 만약 삶의 원대한 목표를 정하지 못하면 우선 중간목표를 정해야 한다고 생각했다. 중간목표는 컴퓨터 소프트웨어처럼 결국 목표를 달성하는데 길잡이가 되고 힘이 될 것이라 여겼다. 나에게 중간목표는 공부였다. 군인으로 남더라도 문무를 겸비한 군인이 되고 싶었다.

목표가 정해지니 실천하는 것만 남았다. 나머지 8가지 전쟁

기회는 준비하는 자에게 주어진다

원칙도 실천을 어떻게 하느냐로 해석할 수 있었다. 실천 가능한 목표를 위해서는 간단하고 구체적인 계획이 필요했다. 이런 목표가 정해지면 몰아붙이면 되는 것이다. 그것이 곧 '간명', '집중'의 원칙이 아니겠는가? 사실 계획은 머리로 하는 것이요, 짧은 시간에 이루어지는 것이지만 실행은 몸으로 해야 하는 것이요, 얼마나 시간이 걸릴지 알 수 없는 일이다. 그래서 대부분 사람은 계획을 못하는 것이 아니라 실행에서 스스로 포기하여 목표를 달성하지 못하고 있는 것이다. 결국, 목표보다 더 중요한 것은 지속적인 실천과 집중적이고 반복되는 행동이다.

생각해 보니 나는 미래에 대한 생각보다 과거에 집착하고 있었다. 남들처럼 좋은 환경에서 태어났거나 여건이 주어졌다면 그들 이상이 되었을 것이라 여기며 지냈던 것이다. 아버지가 없어도 유산을 많이 남겨두고 돌아가셨다면 내가 행복하게 살 수 있을 것으로 생각한 것이다. 소프트웨어가 없으면서 어떤 직책이든 맡겨만 주면 다 거뜬하게 해낼 것 같기만 했다.

핑계가 일상이었던 자신을 바라보게 된 것은 전쟁 원칙 덕이 컸다. 싸움은 어차피 가진 것을 최대로 활용해야 하는 거였다. 싸움을 준비하지 못한 싸움꾼이었던 나는 그 후로 싸움을 준비하기로 한 것이다. 마음은 먹었지만 훈련을 받으면서 할 수 있는 일이라곤 특별히 없었다. 훈련이 고된 날은 자야 했고 자유시간이 많은 것도 아니었다. 군에서 가르치는 것은 내 생각과는 달리 군인에게 필요한 내용이 대부분이었고, 교양과목은 구색을 맞추는 수준이었다. 그렇다고 그 환경을 바꿀 수 없었다. 개인 시간이 거의 없는 훈련기간을 주어진 훈련에 최선을 다해 임하며 내 지식의 영역을 넓혀나갔다. 나 스스로 나에게 필요한 지식과 필요 없는 지식으로 구별하지 않으려 했다.

포기하지 않는 한
열매는 맺힌다

추운 겨울에 훈련을 시작한 나는 추운 겨울에 소위로 임관했다. 임관과 동시에 주기로 한 초급대학 학위증은 교육부가 요구하는 과목과 일치하지 않는다는 이유로 계속 협의 중이라며 협의가 끝나면 학위를 주겠다는 약속만을 받고 임관하게 되었다.

사창리에 있는 사단 예하 연대 수색중대가 첫 부임지였고, 수색 소대장이 되었다. 중간목표로 정한 것은 공부였고, 공부의 결과는 학사학위를 목표로 한 것이었다. 그러나 전방 수색 소대장이 개인적인 공부를 하거나 학위과정을 넘보는 것은 어림도 없는 일이었다. 우선은 임무를 수행해야 했다. 임무를 성실히 수행하면서도 마음은 허전하고 해야 할 일을 하지 않고 있다는 상실

기회는 준비하는 자에게 주어진다

감에 시달렸다. 소대원들과 다른 장교들을 볼 때마다 더 그랬다.

병사들이 말만 부하지 나보다 나이가 많은 병사들도 많았고, 학력도 나보다 더 높은 경우도 많았다. 2년 사관학교 훈련을 마쳤지만, 학위는 고등학교 졸업장이 전부였다. 장교들도 임관구분에 따라 이미 학사학위를 소지한 경우가 많았다. 나는 스스로 그들 앞에서 위축되었다. 겉으로 나타내지 않았지만, 그들에 비해 뒤처진 나를 바라보며 자책했고 아무리 어려운 환경이라도 뭔가 시작해야겠다고 다시 오기를 부렸다.

그 당시 방송통신대학이 생긴 지 몇 년 안 되었던 때였다. 나는 방송통신대학 행정학과에 입학했다. 입학은 했지만 방송시간을 맞추어 강의를 듣는 일을 할 수 없었다. 여름에 있는 출석 수업에 참여하기란 더욱 불가능했다. 공부하라고 휴가를 주는 시절이 아니었다. 나는 학점을 받지 못해 적만 둔 학생이었다. 그래도 속으로 생각하기는 나는 대학생이라는 거였다. 혹시 학력을 기재할 경우에는 방송통신대학 재학 중이라고 주저하지 않고 적었다.

그런 가운데 2년의 세월이 흘렀다. 소대장을 마치고, 연대 인사장교 보직을 수행하고 있었다. 하루는 공문 결재를 위해 검토하는데 기술병과나 행정병과로 전과(전투병과에서 행정병과나 기술병과로 주특기를 바꾸는 것)하는 공문을 보게 되었다. 공문을 읽어 내려가는데 병기병과로 전과하게 되면 첨단무기를 배우기 위해 미국에 군사유학을 할 기회가 있다는 내용을 보며 마음이 움직였다. 전과하면 아무래도 후방에 근무할 기회가 많으니 방송통신대학을 졸업할 기회도 더 생길 것 같았다.

부대 간부이동을 꺼리는 지휘관들 때문에 이런 공문은 예하부대에 하달조차 하지 않는 일도 있었던 때였다. 연대장은 전투병과에 남는 것이 진급에 유리하다며 만류했지만 나는 공부를 하고 싶다는 말로 연대장을 설득하는 데 성공했다. 왜 하필이면 끗발 있는 병과로 전과하지 않고 병기병과냐는 질문에 전과하는 동기와 목표가 군사유학과 대학공부라는 소신 있는 말에 조금은 의외라는 표정과 감동을 받는 것 같았다. 그렇게 해서 전과 신청을 할 수 있었고 병기병과로 전과할 수 있었다.

부산 병기학교에서 전과교육을 받는 동안 나는 저녁으로 영어회화학원에 다녔다. 못 알아들어도 원어민 강사가 하는 강좌를 신청하여 들었다. 방송통신대학 공부도 계속했다. 젊은 나이였고, 전방에 있다가 후방에 온 나에게 즐기고 싶은 욕구도 많았다. 그때마다 전쟁원칙 중의 하나인 '병력의 절용' 원칙을 머리에 떠올렸다. 나중에 힘을 발휘하려면 지금 시간을 아끼고 준비해야 한다고 해석했다. 같이 학원에 등록한 동기생이 그만두었지만 나는 버텼다. 재미있어서가 아니었다. 해야 한다고 생각

기회는 준비하는 자에게 주어진다

했고 목표를 달성할 때까지는 포기하고 싶지 않았다. 나는 그때 삶이란 자신과의 싸움이지 세상과의 싸움이 아니라는 생각을 하고 있었다.

전과교육을 마치고 부산에 있는 부대에 보직을 받았다. 영어 공부를 계속하며 방송통신대학 과정도 1학년을 마쳤다. 학점이 좋은 편은 아니었어도 여름에 부산대학에서 출석 수업을 하면서 대학 캠퍼스를 거닐던 감격을 잊지 못하고 있다. 학위를 받기 위해 공부를 시작했지만, 학위가 목표의 전부일 수 없다고 생각했다. 다른 명문대학 학위증보다 사회의 인정이나 인지도 면에서 스스로 만족하지 못했다.

그러면서 학점보다는 학문을 해보고 싶다는 생각으로 서서히 변해갔다. 공부 자체를 즐기며 하고 싶었다. 남의 눈치를 볼 일도 아니었다. 남들이 가볍게 보는 위치에 아직 있는 것이라고 여겼다. 예전 같으면 그 점에 화가 치밀었는데 그래도 조금 걸어온 길이 있다고 앞으로는 올라갈 것만 같았다. 더는 내려갈 곳이 없는 사람들이 바닥에서 엉뚱하게 맛보는 위로와 평안을 느끼며 다시 주먹을 쥐었다. 그렇게 삶의 가치관과 방법들을 배우고 이해해 가는 중에 새로운 도전에 직면하게 되었다.

부대장이 행정보직에 근무하는 나를 부대 핵심보직으로 전보하겠다고 했다. 핵심보직이라는 의미는 손에 물건과 돈을 취급

하게 되는 보직을 말하는 거였다. 쉽게 표현해서 돈이 생기는 보직이지만 서로 봐주고 묵인할 뿐 법을 어기지 않을 수 없는 보직이었다. 나는 시골에서 가난하게 자랐지만 돈 때문에 해서는 안 될 일을 하며 살기보다 가난을 택하겠다고 생각했다. 그런 가치관을 가졌다고 해도 명령이 나면 어쩔 수 없는 일이고 분위기에 따라 근무할 수밖에 없는 노릇이었다.

신앙생활을 하고 있어서 부대 앞 교회에 혼자 나가 기도를 드렸다. 다음 주면 새로운 보직을 받게 되는데 돈과 관련 없는 보직으로 보내주던가 다른 부대로 전출시켜 달라고 기도했다. 답답해서 한 기도였지 그런 기도가 며칠 사이에 이루어질 것이라 기대하며 한 기도는 아니었다. 그런데 그 기도가 이루어진 것이다.

사령부에서 장군전속부관을 찾고 있는데 내가 인터뷰 대상에 선정되었다는 연락을 받은 것이다. 토요일 오전 사령부에 호출되어 다른 두 명의 장교와 함께 인터뷰하게 되었고 내가 전속부관으로 선발되었다.

전속부관을 하면서도 영어회화학원은 계속 다녔고 틈틈이 영어공부를 했다. 한 번은 육군본부에 출장 간 길에 잠시 병과 인사장교를 만나 유학시험이 있으면 응시하고 싶다며 일정이 정해지면 연락해 달라고 부탁하고 귀대했다.

기회는 준비하는 자에게 주어진다

두 달쯤 지난 금요일 오후에 인사장교 전화를 받았다. 왜 이번 유학시험에 응시하지 않았느냐는 거였다. 내일 토요일까지 마감인데 사령부에서 올라온 공문에 이름이 빠져있다고 했다. 인사과에서 공문을 받고 나에게는 알려주지 않아서 생긴 일이었다. 또 전속부관을 새로 선발하기 싫어서 일부러 알려주지 않은 것이다. 다행히 장군으로부터 구두허락이라도 받으면 추가로 응시자명단에 포함시켜 주겠다고 했다.

장군에게 보고했다. 해외 유학시험에 응시하고 싶다고. 장군은 평상시 내가 공부하는 모습을 보지 못해서인지 준비도 안 하고 어떻게 시험을 보려 하느냐고 했다. 준비했다고 자신 있게 말할 수 없어서 경험 삼아 시험을 보고 싶다고 했다. 장군은 기분 좋은 일이 있어서인지 선뜻 인사참모를 불러 시험을 보게 하라고 했다. 새마을호 후불승차권도 주고 바람이나 쐬고 오라며 출장비까지 주었다.

그 당시 새마을호는 최고급열차로 고급장교들에게만 주는 혜택을 받고 기차에 올랐다. 월요일에 있을 시험에 당장 시험 준비를 할 수 있는 것도 아니었다. 방송통신대학 영어교재를 훑어보며 서울로 향했다. 책이 두껍지 않아서 그랬고, 한 번 보아두었던 내용이라 다시 복습하면 좋을 것 같아서였다.

다음날 영어시험지를 받아 읽어 내려가는 순간 깜짝 놀라고 말았다. 어제 새마을호에서 복습했던 내용이 글자 하나 틀리지 않고 그대로 출제된 것이었다. 물론 여기저기서 뽑아서 출제한 것이지만 같은 문제라는 것을 즉각 알아차렸다. 가슴이 뛰었다. 30분도 안 되어 문제를 다 풀고 교실을 나왔다. 감독관이 포기한 모양이라는 말을 뒤로하며 나는 미소를 지었다. 나는 지금도 어떻게 그 책에서 문제가 출제되었는지 알지 못한다. 짐작하기에는 방송통신대학교재가 일본 영어책을 참고하여 만들어졌고, 출제관들이 일본 책을 보고 출제했을 거라는 정도다. 어찌 됐든 나는 유학시험에 합격했다.

나는 신앙적으로 해석해 하나님의 도우심이라고 믿지만, 다른 사람들은 재수가 좋아서라든가, 우연의 일치라고 말하기도 한다. 그런 말을 들을 때마다 떠오르는 생각이 있다. 준비하는 자에게 신은 기회를 주는 것이라고. 방송통신대학 과정을 듬성듬성 다니면서 그 공부가 내 작은 중간목표와 그렇게 연관되어질 줄은 예측하지 못했다. 잘하려고 하면 자기보다 잘하는 사람과 비교가 되어 포기할 수도 있는데 나는 잘하려 한 것이 아니라 해야 한다고 생각하고 한 것 뿐이었다. 목표를 정하고 하다 보면 원하는 그대로를 얻지는 못하더라도 비슷한 것이라도 꼭 갖게 된다는 생각을 그때부터 하기 시작했다.

기회는 준비하는 자에게 주어진다

버거운 목표에 도전하라

1976년 겨울에 미국 군사유학 길에 올랐다. 시카고에서 경비행기로 1시간 정도 거리의 미 탄약학교는 미시시피 강변에 위치한 한적한 시골에 있었다. 사전에 영어공부를 했고, 군사 영어 반에서 6개월여 회화를 배우고 갔지만 도착해서는 겨우 인사를 나누고 다음 대화를 잇지 못해 당황하기 일쑤였다. 미 중북부의 추운 겨울을 견디며 공부만을 하게 되었다. 현지에서 부딪치다 보니 어설픈 발음이지만 실력이 늘었고 적응되어 갔다.

탄약검사과정과 탄약품질관리 과정을 이수해야 했는데 그 중간 3주 과정이 외국장교에게는 공개되지 않는 강의여서 어쩔 수 없는 휴가를 받았다. 휴가기간에 대만 장교와 단둘이 3주간 기차여행을 통해 미국 동부와 북부지역을 여행하며 많은 것을 보고 느끼게 되었다. 외국장교들과의 교제는 새로운 시야를 열어주었고, 많은 것을 보면서 나 자신의 왜소함이 또다시 느껴지곤 했다. 그럴 때마다 귀국하면 공부를 계속하리라 다짐했다.

문화적인 차이와 생각에도 많은 것을 느끼며 배웠다. 한 번은 미국장교들과 테니스를 쳤다. 복식경기를 하며 심판을 교대로 보았다. 경기를 하다 보면 애매한 순간들이 많다. 공이 아웃

(out)인지 인(in)인지 순간적으로 판정하기에 애매한 순간들이 있었다. 대부분 심판이 아웃이든 인이든 선언하여 경기는 진행되었다. 간혹 선수 중에 먼저 아웃이나 인을 선언해도 심판은 그대로 받아주었고 선수도 인정했다.

군에서 내기하는 운동들을 많이 했다. 그때마다 같은 문제를 두고 다투기도 하고 열을 올렸다. 혹 높은 사람이 먼저 아웃을 선언하면 인이었던 것도 그만이었다. 그런 경쟁적 운동을 하다가 그들과의 경기에서는 철저히 먼저 선언한 사람의 의견을 받아들이는 것을 보게 된 것이다. 나는 그 뒤로 사소한 일에 목숨 걸지 않기로 했다. 혹, 상대방이 실수한 것이라도 저의가 없는 실수는 받아주며 살기로 마음먹었다. 사소한 일에 집중하고 신경 쓰다가 중요한 것을 소홀히 하거나 놓치는 경우가 있었다. 중요하고 결정적인 순간에 강하려면 사소한 일을 가지고 인상 쓸 일이 아니지 않은가?

귀국하는 비행기에서 구름바다를 바라보며 깊은 상념에 잠겼다. 귀국하자마자 닷새 후에 결혼하기로 되어 있어 더 많은 생각을 했던 것 같다. 다른 사람이 하지 않는 생각도 했다. 결혼이란 남편이 된다는 것이요, 아버지가 된다는 것이라는 생각이 든 것이다. 특히 아버지가 되는 것에 남다른 생각을 했다. 부정을 경험하지 못한 유복자가 과연 아버지 노릇을 제대로 할 수 있을

기회는 준비하는 자에게 주어진다

까 하는 생각이 자꾸 들었다. 그래서 아버지도 공부해보자고 마음먹었다.

다른 생각도 했다. 군사유학이라는 중간목표를 달성했으니 이제 또 다른 목표를 세워야 한다. 아직도 이루지 못한 목표는 대학졸업이었다. 거기에 목표를 하나 더 추가했다. 아내와 같이 미국으로 유학하여 내가 본 미국을 보여주고 싶은 욕심이 생겼다. 현실적으로는 불가능한 목표였다. 그때만 해도 군에서 필요한 과목으로 대학원을 응시하지 않고서는 이룰 수 없는 꿈이었다. 학사학위도 없으면서 미국 대학원 석사학위를 넘보는 도전을 하기로 했다. 자신 없는 꿈이라 꿈이 현실화될 때까지는 아내에게도 말하지 않기로 마음먹었다.

예정대로 결혼하고, 제주도 신혼여행을 다녀온 후로 부산 병기학교 교관으로 보직받았다. 신혼 생활을 하면서도 다시 방송통신대학을 시작했다. 2학년 과정을 거의 마무리할 무렵 뜻밖의 선물을 받았다. 3사관학교 2년 동안의 훈련과 군사학을 배운 과정을 문교부와 국방부 간에 협의가 잘 이루어져 초급대학 졸업자격을 인정받게 된 것이다.

나는 곧바로 야간대학 편입이 가능한지 알아보기 시작했다. 아내의 적극적인 후원으로 동아대학 편입시험을 보았고 야간기계공학과 2학년에 편입할 수 있었다. 3학년 편입을 시도했지만

2학년으로만 편입할 수 있다고 하여 어쩔 수 없었다. 제대로 하지 못한 공부를 제대로 하라는 권유로 받아들였다.

　학급에서 두 번째로 나이가 많은 상태로 대학공부를 했다. 중·고등학교에서 충실히 공부하지 못한 대가를 대학교에서 치러야만 했다. 공부를 잘하느냐, 못하느냐를 고민한 것이 아니라 낙제를 면하기 위해 공부를 해야 했다. 그래도 포기하지 않았다. 몇 년이 더 걸려도 졸업하겠다고 마음을 굳히고 근무하며 공부했다. 이미 대학에서 기계공학을 전공한 병사들과 동료 장교들의 조언과 도움을 받으면서 버텼다.

　아이러니한 일도 있었다. 그 당시 정국이 어려웠다. '부마사태'라 불리는 역사적인 사건으로 학교가 폐쇄되어 수업을 못하는 경우가 종종 있었다. 그런 경우 소위 말하는 데모학점을 받았다. 과제물로 기말고사와 수업을 대체하여 학점을 주었다. 나이도 있었고 여러 사람의 도움으로 과제물을 정성스레 작성하여 제출하다 보니 자연 학점도 좋았다. 만약 시험으로 학점을 받았다면 당시 내가 받은 학점에 훨씬 못 미쳤을 것이다.

　그런 시간의 흐름에 적응하며 근무와 공부를 병행하고 있을 무렵 소령으로 진급하게 되었고, 새로운 보직으로 이동해야 할 처지가 되었다. 대학 4학년을 한 해 남기고 전방으로 갈 처지가 되었다. 부산지역에 1년만 더 근무한 후에 대학을 졸업하고 전

기회는 준비하는 자에게 주어진다

방으로 가게 해 달라고 인사담당자들을 만나 도움을 청했지만 헛수고였다. 형평성을 어기면서까지 나를 배려할 수 없다는 거였다.

낙심하고 있을 때 한 선배로부터 귀한 정보를 듣게 되었다. 미 8군 연락장교 시험에 응시하여 부산에 있는 미군 부대에서 근무한다면 원하는 대로 할 수 있는 것 아니냐는 거였다. 곧바로 원서를 접수하고 시험 준비를 했다. 영어 말고도 역사와 군사 과목 시험을 같이 보아야 했는데 아무래도 영어회화 비중이 컸다. 그동안 한 공부와 6개월간의 짧은 군사유학, 그리고 가끔 부대를 방문했던 미군들의 통역을 한 경험이 큰 자산이 되어 어렵지 않게 시험에 합격할 수 있었다.

원하는 부산지역 미군 부대에는 자리가 없어 결국 대구에 있는 미군 부대에 보직을 받게 되었다. 미군 부대 연락장교의 보직은 한국군 부대에 비해 시간이 많았다. 새로운 경험도 하게 되었고 영어회화 실력도 더 늘었다. 대구에서 부산까지 수업에 참여하러 가기도 하고, 정 힘들 때는 대리 출석을 부탁하면서 어렵게 4학년을 다녔고 마치게 되었다. 고등학교를 졸업하고 11년 만에 학사학위를 받은 것이다.

고등학교 졸업장도 받지 못하고 군에 입대하면서 막연하게 세웠던 목표를 달성하게 되었다. 학위 자체도 기뻤지만 그동안 포기하지 않고 해냈다는 것이 더 위로가 되었다. 그런데 막상 학위를 받고 나니 학위가 있는 것과 없는 것이 무슨 차이가 싶은 어처구니없는 생각이 들었다. 학위가 고스톱을 치는데 3점과 같은 느낌이 들었다. 고스톱 판에서는 3점이라야 돈이 되는 것이고 고(go)든 스톱(stop)이든 선택할 기회를 주는 것이다. 이제 3점을 확보했으니 뭔가 다른 계획을 세우고 고를 외친들 우습게 볼 사람이 없을 것 같았다.

그때까지도 비행기를 볼 때마다 가족들과 미국으로 유학하는 꿈을 막연하게 간직하고 있었다. 비행기를 볼 때마다 혼자 다짐했다. 언젠가는 저 비행기를 가족과 함께 타겠다고. 그리고 속으로 기도하곤 했다. 다른 군사유학의 기회는 있었지만 학위과정이 아니면 가족동반을 허용하지 않아 석사학위 과정만을 생각하고 있었다.

하루는 화장실에서 일을 보는데 바닥에 전우신문이 있었다. 신문을 들어 뒤적이다가 눈에 띄는 기사를 보았다. 석사학위과정 해외 유학시험을 공지하는 기사였다. 내용을 읽어 내려갔다. 미 해군대학원에 무기체계공학 석사과정에 응시할 자격을 갖추고 있음을 알게 되었다. 기계공학사에 주특기까지도 문제가 되지 않았다. 그 순간 나는 새로운 목표이면서 버거운 목표를 마음에 새겼다. 또한, 그 목표는 군사유학을 마치고 돌아올 때 비행

기회는 준비하는 자에게 주어진다

기에서 홀로 꿈꾸던 목표이기도 했다.

　미 해군대학원에 입학하려면 두 관문을 통과해야 했다. 첫 관문은 육군본부에서 주관하는 선발 시험이었고, 두 번째 관문은 미 해군대학원으로부터 입학허가를 받아야 가능한 일이었다. 나는 대학원 공부가 얼마나 힘든지도 모른 채 밀어붙였다. 전년도 유학시험 선발과정에서 불미스러운 일이 있었던 관계로 육군본부 선발시험이 공개적이고 투명하게 관리되었다. 그 바람에 나는 출신의 불이익이나 야간대학 학위라는 핸디캡을 극복하고 1.5배수 선발에 1번으로 선발되었다. 두 사람이 무기체계공학을 가게 되었는데, 세 사람을 선발하여 미 해군대학원에 입학허가를 신청하고 세 사람 다 입학허가를 받을 경우는 1, 2번을 보내는 제도였다.

　미 해군대학원에 입학허가를 신청하고 거의 5개월 정도를 기다려야 했다. 그때까지도 가족에게 말하지 못했다. 아무래도 여러 여건이 나에게 불리할지도 모른다고 생각했다. 영어보다도 학문적 배경을 중시하여 입학허가를 준다는 방침을 육사에서 좋은 성적으로 공부한 경쟁자에게 돌아갈 수 있다는 것으로 해석했다.

　입학허가를 기다리는 중에 두 가지 일이 있었다. 하루는 대구에 있는 사령관을 모시고 한국군 부대를 방문하게 되어 통역으로 헬기에 동승했다. 부임한 지 얼마 되지 않은 사령관이 신기한 듯이 창 밖을 내려다보며 물었다. 이곳저곳에 보이는 작은 봉우리가 무엇이냐는 거였다. 무덤을 가리키며 물어보는 말이었다. 무덤이라고 설명했다. 그는 좁은 땅에서 조상을 저렇게 모시면 나중에 후손들이 활용할 땅이 없을 것 같다는 즉흥적이지만 의미 있는 지적을 하였다.

이어서 사령관이 혹 근무에 애로사항은 없느냐고 나에게 물었다. 어떻게 대답해야 할지 몰라 잠시 머뭇대는데 미군 참모장이 끼어들었다. 내가 해군대학원에 응시한 상태고 입학허가를 기다리는 중이라고 보고한 것이다. 미군에서는 잘 알려진 대학원이라 사령관의 안색이 변하면서 자기가 도울 일이 없겠느냐고 참모장에게 말했다. 참모장은 통상적인 조언을 사령관에게 했다. 추천서를 써주면 입학허가를 받는 데 도움을 줄 수 있을 것 같다고 한 것이다.

며칠 후에 3장의 추천서를 받았다. 내 직속상관이었던 탄약참모, 참모장 그리고 사령관추천서였다. 다음 날 대구에서 서울로 매일 운항하는 업무용 미공군기 좌석이 있어 그걸 타고 서울로 향했다. 미국에서 귀국하며 여객기 상공에서 생각했던 꿈이 현실로 다가오는 느낌을 강하게 받았다. 하얀 뭉게구름이 피어오르는 모습도 희망적으로 보였다.

기회는 준비하는 자에게 주어진다

그러나 육군본부 실무자는 추천서를 접수하려 하지 않았다. 규정에도 없는 서류를 나만 따로 보낼 수 없다는 거였다. 틀린 말이 아니어서 그대로 수긍하고 추천서를 다시 들고 오후 군용기로 부대로 돌아왔다. 어찌 됐든 추천서를 써준 지휘계통에 결과를 보고했다. 미군 참모장이 부대 주임상사에게 이런 경우는 어떻게 하면 좋겠느냐고 자문했다. 사령관이 쓴 추천서를 그냥 사장하기가 곤란하다는 거였다. 역시 행정에 노련한 주임상사는 해군대학원에서 추천서를 어떻게 처리하든 문서수발계통으로 발송하자고 했다. 참모장이 좋은 생각이라며 동의했고, 내 추천서는 정식 부대공문이 되어 해군대학원으로 발송되었다.

추천서까지 보낸 상태로 지루한 기다림을 일상으로 소화하는데 또 다른 일이 생겼다. 한미군사훈련이 있어 미 본토에서 증원군이 한국으로 배치되고 여러 전쟁 상황에 대비한 훈련을 하게 되었다. 미 본토에서 훈련에 참가하는 해군 장교와 야간 상황근무를 하게 되었다. 특별한 상황 없이 새벽이 되어 졸음을 떨치기 위해 기지개를 켜기도 하고 블랙커피도 마셨다.

미국 측 상황장교인 해군 대위와 담소를 나누는 가운데 해군대학원에 가서 공부하게 될지도 모른다고 했다. 그는 해군대학원을 잘 알고 있었다. 위치와 환경을 설명하면서 공부가 힘든 곳이라는 말도 빼놓지 않았다. 언제쯤 입학허가를 받느냐는 질문에 그동안의 과정을 설명했다. 그의 표정이 잠시 망설이는 것 같더니 전화기를 들어 미 해군성으로 전화를 걸었다. 대화내용으로 보아 동기생에게 연락하는 것 같았고, 통화 중에 전화번호 하나를 메모지에 받아 적었다.

수화기를 놓더니 내 인적사항을 물어 같은 메모지에 적어 내려갔다. 해군성 인사처에 근무하는 동기생에게 현재 진행상황을 물어보겠다고 했다. 합법적인 일이라면 알려줄 친구라고 했다. 그는 즉시 전화를 했고, 내 인적사항이 동기생에게 전달되었다. 그런 일이 있으면서 마음은 더 조급해졌다. 아내에게 말하고 싶은 것을 꾹 참고 지냈다.

며칠이 지나 훈련을 마치고 귀국하는 그로부터 소식을 듣게 되었다. 해군대학원에서 입학을 허가했으며 한국군에 통보할 절차를 밟고 있다고 했다. 아무리 늦어도 3주 안에는 개인에게 통보될 것이라는 벅찬 소식을 접하게 되었다. 나는 며칠 동안 일이 손에 잡히지 않은 상태로 지내며 3주를 기다리려고 했지만 더는 혼자 간직하지 못하고 아내에게 그동안의 내용을 털어놓고 미국 유학을 준비하자고 했다. 아내의 그윽한 신뢰의 눈빛과 기쁜 표정을 온몸으로 받았다.

3주도 지나지 않은 날, 육군본부에서 담당 장교로부터 연락이 왔다. 애석하게도 내 입학허가가 나오지 않았다는 통보였다. 순간 마음이 복잡했다. 다음 날 사무실로 직접 찾아가겠노라며 전화를 끊었다. 상황을 정리하고 파악하는데 그리 오랜 시간이 필요치 않았다. 미 8군 해외교육 담당자와 육군본부 실무자가 서로 짜고 나를 배제하고 후보로 있는 장교를 보내려 하던가, 미 8군에서는 입학허가를 받은 것으로 통보했는데 육군본부에서 장난을 치고 있는 것이 분명했다. 나는 서울로 가면서 가능한 한 조용히 일을 수습하기로 했다.

담당자를 만나 담담하게 뭔가 착오가 있는 것 같다고만 했다. 미군 부대에 근무하다 보니 해군대학원에서 입학을 허가했다는 소식을 3주 전에 이미 통보받은 상태라고 말했다. 담당자는 당황하는 빛이 역력했다. 즉시 확인해서 알려 주겠다고 했다. 면회실에서 기다려 달라고 해서 그러겠노라고 여유를 부리며 사무실을 나왔다. 그 여유에는 평상시에 하지 않는 거만한 표정과 행동을 그에게 넌지시 전하고자 하는 의도가 묻어났다. 한 시간도 되지 않아 담당자가 직접 면회실로 와서 착오가 있었다고 설명했다. 나는 속아 주었다. 그리고 앞으로 출국절차를 부탁하며 마지막 남은 커피를 넘겼다. 단맛과 쓴맛이 동시에 느껴졌다. 세상의 모든 맛은 단맛과 쓴맛이 섞인 맛이 아닐까 생각했다.

논리적인 말보다
원활한 관계가 소중하다

　　　　　　　　　　　　1983년 초여름 나는 아내와 어린 두 아들과 함께 군사유학 길에 다시 올랐다. 무기체계공학이라는 석사과정은 응용물리학과 무기를 접목하고자 하는 과정이었다. 나는 그 과정에서 처음으로 컴퓨터의 하드웨어와 소프트웨어를 배우게 되었다. 불충실했던 중고등학교 공부와 데모 학점이 숨겨진 대학 학점으로 입학하게 된 나에게는 엄청난 도전이었다.

　자고, 먹는 시간을 빼고 온통 공부만 하는데도 힘이 들었다. 성적도 항상 졸업을 하느냐 못하느냐 하는 경계에서 오르락내리락했다. 피가 말랐다. 누구의 도움으로 해결할 수 있는 문제도 아니었다. 극도의 스트레스와 불안감으로 공부하지 않으면 안되었다. 힘들 때마다 학창시절을 후회하고 또 후회해 보았지만 도움이 되지 못했다. 준비되지 않은 사람에게 기회는 후회와 자포자기뿐이라는 생각을 했다. 그래도 나는 포기할 수 없었다. 여기서 학위를 받지 못하면 희망을 주었던 아내와 두 아들에게도, 3사관학교 출신으로 석사과정에 도전하는 드문 롤 모델로도, 그보다도 더 중요한 것은 나 자신에게 용납할 수 없는 일이었다.

　낙오자로 남느니 공부하다 죽는 편을 택하기로 했다. 나는 그

기회는 준비하는 자에게 주어진다

런 개인적인 고통을 숨기며 시간을 내어 여행도 했고 인간관계도 소홀하게 하지 않았다. 응용물리학의 학문적 기초는 과학적 원리를 기초로 한 새로운 응용을 꾀하는 학문이었다. 그 원리는 물질의 관계를 파헤쳐 가며 어떻게 존재하게 되었는지는 규명하지 못한다 해도 일정한 상수로 존재하는 법칙과 공식을 찾아내는 일이었다.

과학을 이해해 나가며 나는 점점 관계에 대해 생각을 하게 되었다. 그런 가운데 사회적인 관계는 학문적인 바탕의 영역에 존재하지만, 인간관계나 신과의 관계는 사람의 가치영역에 존재하는 것이라는 생각을 하기 시작했다. 만약 두 가지 중 하나를 선택해야 한다면 사회적인 관계보다 가치관계를 택해야 한다고 여겼다. 명예나 돈과 같은 사회적 관계에서 실패하는 경우에도 우리가 자살해서는 안 되는 이유가 사회적인 관계보다 가치관계가 더 중요하기 때문이다. 학문은 숭고한 가치관계를 찾아 배우고 삶에 적용될 때만 가치가 있는 것이라고 스스로 정의했다.

그런 가치관을 세우고 공부를 하니 시간이 흐르면서 매사에 안정을 찾았다. 다른 장교들이 공부 때문에 가정일이나 동료의 도움을 회피할 때도 나는 할 수 있는 한 도움을 주었다. 사실 학점으로 세상을 사는 것은 아니지 않은가 하는 생각을 하면서.

해군대학원에는 학위과정 말고도 고급장교들 관리과정이 있었다. 대령반도 있고, 장군반도 있었다. 이 과정은 짧게는 한 달, 길게는 3개월 정도 과정이라 잠시 머물며 자동차를 살 수도 없는 형편이었다. 후배 장교들의 도움이 없이는 기숙사에 머물러 시간을 보낼 수밖에 없는 노릇이었다.

하나회 소속이라든가 끗발 있는 선배가 오면 용케 잘들 알아보고 돌보는 후배들이 줄을 섰지만 그렇지 못한 선배들은 같은 계급이어도 푸대접했다. 내 눈에는 그런 대접 받지 못하는 선배만 보였다. 도서관에서 공부하고 귀가하다가 혹 선배들이 무료하게 지내는 모습을 발견하면 집에 모시고 가 평상시 우리가 먹는 대로 된장국이나 양배추로 담은 김치에 같이 식사했다.

아내가 토속음식을 잘하기도 했지만, 미국 음식만 먹다가 우리 음식을 먹어보는 선배들은 크게 고마워했다. 처음 만나는 선배들이지만 쉽게 서로 알게 되는 계기가 되기도 했다. 무슨 대가를 바라고 한 행동은 아니지만, 뒤에 또 다른 도전을 하는데 도움을 준 인연도 그렇게 맺어졌다.

만학을 꿈꾸며 공부하고 싶을 때는 직업이 공부하는 일이었으면 좋겠다는 생각을 한 적도 있었다. 그러나 막상 그 여건이 주어지니 괜한 꿈을 꾸었다고 생각할 정도였다. 피할 수 없는 전공과목에 '도끼'라는 별명이 붙은 노교수가 있었는데 인색한 학점을 주는데 소문이 난 교수였다. 그 교수 밑에서 박사학위를 받으려다 도중에 포기한 학생이 많다는 소문도 있었고, 학생들이 졸업하면서 선물한 도끼가 연구실 벽에 걸려있기도 했다. 그런 과목도 낙제하지 않고 버텨냈다.

공부가 어느 정도 자리를 잡으면서 건강에 문제가 생기기 시작했다. 공부 스트레스와 운동부족 탓인지 평상시 몰랐던 고혈압이 발견되어 약을 먹기 시작했다. 30대는 젊으면서도 새로운 신체적 변화를 발견하게 되는 시기인 것 같다. 체력을 자신하며 함부로 몸을 다루기보다 체력을 고려한 의지적 활동이 필요한 시기라고 할 수 있다. 사실 우리가 하는 모든 생각과 꿈도 건강이 뒷받침되지 않으면 소용이 없는 일이다.

의사의 조언으로 지나친 운동을 자제해야 했다. 좋아했던 스쿠버 다이빙도 더는 하지 못하게 되었다. 건강에 문제가 있다고 생각하니 세상일에만 매몰차던 생각이 영적인 생각으로 변해갔다. 조금 더 아는 것이 뭐 그리 대수인가 싶어지는 거였다. 공부하며 죽으면 행복할 것이라는 각오도 다 부질없이 느껴졌다. 그러면서 삶의 가치를 판단하는데 그동안 주관적이지 못하고 세상이 요구하는 가치를 그대로 받아들이고 추구하는 나의 모습을 보게 되었다.

남의 상표를 달고 살아가는 생활이 아니라 내 상표를 달고 살아야 행복해 질 것 같았다. 왜 공부를 하려고 했는가? 하는 생각이 들었지만 시원한 대답을 하지 못했다. 막연히 학위가 없어 불이익을 당하든가 무시당하는 것이 싫어서였던 것 같다. 고등학교를 졸업하면서 나 자신과의 약속을 지키려 한 면도 있었다고 인정한다. 승진하고 경력을 쌓는 도구로서의 학문을 하고 있었다. 그러다 보니 내가 공부를 하면서도 나는 공부에 없었다. 그래서 공부가 힘들었던 것 같다는 생각을 하게 되었다.

공부를 통해서 나라는 하나의 인격이 긍정적으로 성장해야 의미가 있을 것이라 여겼다. 공부 때문에 얻어지는 경력상의 이익만을 추구한다면 너무 이기적이라 여긴 것이다. 적어도 지금 배우는 학문이 나 자신과 가정뿐 아니라 이웃과 사회에도 영향을 미치는 일이 되어야 할 것이다. 특히 군에서 국비로 유학을 시켰으니 군에도 어떻게든 보탬이 되어야 할 것이다.

그런 생각을 하며 공부를 하다 보니 생각도 가벼워지고 학문 내용도 새롭게 이해되는 면이 있었다. "화학적으로 볼 때 생명체는 놀라울 정도로 평범하다. 탄소, 수소, 산소, 질소, 약간의 칼슘, 소량의 황, 그리고 다른 평범한 원소들이 조금씩만 있으면 된다."고 한다. 물질로 따지면 사람도 몇만 원의 가치에 그칠 수 있다. 그런데 생명은 물질이면서 물질이 아니지 않은가? 물질의 존재에 필수적인 빛과 중력 같은 것도 어떻게 생성되었는지 정확히 이해하는 사람도 없다. 존재 자체를 확인하고 존재가 무엇

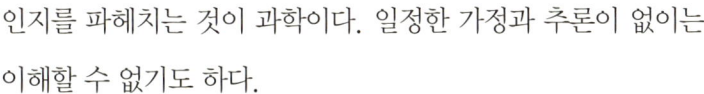

인지를 파헤치는 것이 과학이다. 일정한 가정과 추론이 없이는 이해할 수 없기도 하다.

시간도 그렇다. 시간이란 아예 존재하지 않는 것일지도 모른다. 영원한 것 속에서 시간은 의미가 없을 것이다. 유한한 인간이 주어진 시간을 이해하고 편리하게 사용하려고 만들어 낸 약속이다. 시간은 우리에게 무엇을 가르치고 있을까? 영원한 것에 대한 갈망을, 지나감에 대한 생각을 품고 현실에 최선을 다할 것을, 고정관념과 결론 없는 주장을 버려야 한다고 말하고 있는 것은 아닐까?

국제정치도 과학의 힘, 다른 말로 하면 첨단무기를 바탕으로 한 군사력과 무관하지 않았다. 국력은 군사력을 바탕으로 한 하드웨어에 이념을 바탕으로 한 소프트웨어가 조화를 이룰 때 강해지는 것이다. 나는 어느덧 해군대학원의 2년 반 생활을 학문적 적응에 어려운 도전을 시도하다가 새로운 삶의 가치관을 추구하고 있었다. 그것은 모든 것을 과학적 논리와 정의에 머물지 않고 그 위에 질서를 잡고 있는 관계에 심취하기 시작했다.

2, 30대는 지금까지 배운 것을 바탕으로 새로운 가치에 도전장을 내야 하는 시기다. 그것은 자기 생각을 중심으로 한 이기주의가 아니라 보편타당하고 나 아닌 것에 도움을 줄 수 있는 가치관이어야 할 것이다. 많은 것, 큰 것을 추구하던 것을 접고 의미

와 가치를 붙잡고 새로운 도전을 해야 할 나이이다. 나의 2, 30대는 나도 모르는 사이에 그런 흐름 속에 있었다.

의미 있는 삶에 도전하라

해군대학원을 마치고 귀국하여 관련 부서에서 근무하게 되었다. 공부한 내용이 근무와 직접적인 영향을 주지 못했지만, 상황을 판단하고 활용하는 데는 밑거름이 되었다. 아마도 학문을 하는 이유가 그런 것인 것 같다. 공부한 내용이 직접 생활에 활용되지 않아도 어려운 상황이나 무슨 결정을 하게 될 때 현명한 생각을 하게 하고 최선의 방도를 찾는데 도움을 주게 되는 것이다.

때가 되어 중령으로 진급하게 되었다. 물론 해군대학원에서 공부한 덕을 보았을 것이다. 전방 대대장 보직을 받을 예정인 차에 미 대사관 군수무관부 시험에 도전할 생각을 하게 되었다. 국방부 선발시험에 응했다. 필기시험은 다행히 좋은 성적으로 합격했다. 두 번째 관문은 면접시험이었다. 다섯 분의 장군이 면접위원이 되어 인터뷰하게 되어 있었다. 나는 인맥을 쌓고 근무하는 성격도 아니었고, 선배들의 눈에 띄는 형편도 아니었다. 필기시험에 합격하고도 면접분위기로 보아 밀릴 확률이 있다는 생각

기회는 준비하는 자에게 주어진다

을 하며 면접장에 들어갔다.

그런데 의외의 일이 벌어졌다. 위원 중 한 장군이 나를 알아보고 반가워한 것이다. 나는 그 장군의 이름도 잘 기억하지 못하는 처지였다. 해군대학원에 있을 때 우리 집에서 된장국을 맛있게 드시고 가셨던 분 중 한 분이었다. 나는 그분 때문에 출신적인 불이익을 낳지 잃고 면접에서도 어려움 없이 합격하게 되었다. 나는 이 사건을 이야기할 때마다 '된장국 외교'라는 말을 통해 순수한 인간관계가 얼마나 중요한지를 후배들에게 말하곤 한다.

나는 그런 남다른 기회와 혜택 속에 군에서의 꿈을 키우고 있었다. 워싱턴에서의 근무시간은 너무 빠듯하여 공부할 엄두를 대부분 내지 못했지만 나는 점심시간을 활용해 영어 개인교습을 틈틈이 받았다. 늘 그래 왔듯이 미래에 닥칠 기회를 미리 준비하고 싶어서였다. 하지만 그런 일상적인 생각에 새로운 도전이 밀려왔다.

한국에서 출장 온 장교들을 미 정보부대에 모시고 가는 중에 교통사고를 당하고 말았다. 대형트럭이 차선을 바꾸면서 내 차를 들이박아 도로 난간 보호물에 내 차가 충돌하고 말았다. 차는 완파되었는데 다행히 나나 손님은 전혀 다치지 않았다. 나는 이 사고로 30대 후반에 죽음을 심각하게 생각하는 계기가 되었

173

다. 만약 이 사고로 죽었다면 아내와 두 아들이 겪게 될 일을 상상해 보았다. 장례절차들도 혼자 생각했다. 그 뒤로 드는 생각은 만약 신 앞에서 인생을 결산한다면 뭐라 할 수 있을까? 하는 질문이었다.

나는 이 질문에서 벗어나지 못했다. 이 답을 찾고도 싶었고, 더 깊이 있는 영어공부를 하고 싶어 남몰래 미국 신학교에 등록해 야간에 틈이 나는 대로 공부를 했다. 학점을 잘 받거나 졸업할 목적으로 시작한 공부가 아니어서 부담 없이 공부를 했다. 삶의 의미를 찾는 공부를 하기 시작한 것이다. 그러나 공부로 삶의 의미를 당장 찾을 수는 없었다. 그냥 열심히 성실하게 사는 것으로 자족하며 근무와 공부를 병행했다. 미 대사관에서 군수무관으로서의 근무는 새로운 경험과 그런 영적 생활을 하게 만들었다.

귀국하여 곧바로 전방 탄약대대장에 보직을 받아 근무하게 되었다. 소대장 말고는 야전 경험이 없던 나에게는 새로운 도전이었다. 하지만 주어진 직책에 최선을 다했다. 부대에 야전경험으로가 아닌 다양한 경험을 바탕으로 한 신선함을 불어넣고 싶었다. 반발도 있었지만 보람을 느끼며 근무하는데 건강상의 문제가 괴롭혔다.

혈압이 조절되지 않고 천식처럼 기침을 한번 시작하면 한동

기회는 준비하는 자에게 주어진다

안 멈추지를 않았다. 독립대대라 대대본부에 군의관이 상주하고 있었는데, 기침할 때마다 군의관의 진료를 받아야 했다. 대대장 근무를 1년을 넘기지 못하고 군의관의 권유와 개인적인 판단으로 통합병원에 후송되어 입원하게 되었다. 1달여 치료를 받은 후 부대로 복귀하느냐 제대하느냐 하는 결정을 내려야 하는 순간 전역을 신택했다. 건강하지 못한 몸으로 군 생활을 감당할 수 없을 것 같아서였다. 그렇게 하여 21년의 직업군인 생활을 마무리했다.

나는 지금도 생각할 때마다 군이 고맙다. 군에서 나는 사람이 되었고 성숙한 인간이 되었다. 군이 나를 가르쳤고 어떻게 살아야 하는지를 알게 해 주었다. 나는 군에서 나 스스로 훈련하고 행동하는 법도 배웠다. 산다는 의미의 종국은 나 자신만이 아니라는 것도 깨닫게 해 주었다.

새로운 인생을 준비해야 할 처지가 되었다. 나는 다시 공부해야겠다고 마음먹었다. 군에는 '선 교육, 후 보직'이란 용어가 있는데, 이는 새로운 보직을 주기 전에 먼저 교육을 받게 해야 한다는 원칙을 말하는 거였다. 결국, 새로운 사회생활에 적응하기 위해 공부를 하는데 워싱턴에서 근무할 때 다녔던 신학교가 생각났다. 미국에서 이미 5년 넘게 유아기를 보낸 두 아들이 한국 학교에 잘 적응하지 못하는 이유와 연관되어 나는 미국 신학교에서 공부하게 되었다. 신학대학원 공부는 4년이 걸렸고 시카고에 소재한 트리니티복음주의 신학교를 졸업하고 목사 안수를 받았다.

50이 되던 나이에 변방목회라고 할까, 미국 시골목회라고 할까, 워싱턴에서 자동차로 2시간 거리의 한 대학촌에서 교회를 개척하여 목회하고 있다. 대학생들과 10여 가정 정도의 교포를 섬기고 있다. 교회가 없는 지역이었다. 나는 자칭 면장목회를 한다고 한다. 지역을 섬기는 목회를 하고 싶어서다.

닭 농장을 운영하면서 생활하고 있다. 평균 37,000마리의 육계를 길러 연 6회 미 회사에 납품하는 구조로 되어있다. 돼지도 1마리 있고, 염소는 20마리가 넘는다. 물론 친구가 되어주는 개도 있다.

자기가 좋아하는 일을 준비하라

목회하며 농장을 경영하는데 아무 불만이 없었음에도 뭔가 해보고 싶은 것이 있었다. 그것은 글을 써보고 싶은 일이었다. 처음에는 시를 써보다가 답답한 마음에 다시 오십 중반에 경희사이버대학 문예창작학과 3학년에 편입하게 되었다. 공부를 하는 과정에서 쓴 단편 소설을 미주 한국

기회는 준비하는 자에게 주어진다

일보 문예공모전에 보내본 것이 대상을 받아 상금과 함께 등단하게 되었다. 그 후로 미주지역에 있는 문학공모전의 여러 상을 받았고, 제1회 천강문학상을 받아 국내문단에도 이름을 올리게 되었으며 상금으로 천만 원을 받기도 했다. 통일문제를 다룬 두 번째 장편소설 〈스터디 그룹〉은 예술위원회가 선정하는 우수문학도서로 선정되는 영광을 누렸다.

나는 지금 환갑을 막 넘겼다. 세 번째 장편소설인 〈마이산〉을 출간하면서 겸연쩍은 마음으로 나를 이렇게 소개했다. "꾸준한 학구열로, 20대에 동아대학에서 기계공학, 30대에 미 해군대학원에서 무기체계공학, 40대에 시카고 소재 미 트리니티복음주의신학교에서 신학, 50대에 경희사이버대학에서 문학을 공부하였다."

오늘의 나를 있게 한 것은 30대의 해군대학원 공부와 그 과정에서 경험한 여러 육체적인 변화와 삶의 가치에 대한 고민이라고 말하고 싶다. 나는 앞으로 남은 삶도 기회를 주는대로 이웃을 위한 섬김을 추구하려 한다. 많은 것을 받았으니 이제는 돌려주어야 할 일만 남았다. 오늘도 준비하는 사람에게 기회를 준다고 생각하며 일하련다.

내 가슴에 귀 기울여 | **다섯 번째 이야기**

나의 농촌마을
입성기

나의 농촌마을 입성기

나의 농촌마을 입성기

덩기덕 쿵덕!

시원스런 장구 소리와 함께 우리들의 합창이 시작됩니다. 소싯적에 장구를 배워 둔 것이 이럴 때 요긴하게 쓰이는군요. 절로 어깨춤이 들썩입니다. 오늘은 마을 사람들과 함께하는 신년 합창대회 날입니다. 제가 작사한 노래에 민요의 가락을 붙여 신이 나게 노래를 부릅니다.

에헤라 디야

옹이님(마을에서 기르는 고양이 이름)은 다소곳이 손 모아

우리들을 맞이하고,

주민들은 신년대청소를 함세.

에헤라 디야

새벽에 일어나 밭에 가서 일을 해도
우리는 초보농사꾼
감자는 방울감자가 되고,
토마토는 방울토마토가 되지.
에헤라 디야

노래를 부르며 아웅다웅 싸웠던 우리는 한마음이 되어갑니다. 노래가 이어주는 사람과 사람 사이의 정(精), 그동안의 일들이 파노라마처럼 스쳐 지나갑니다.

2007년의 저, 27살의 공무원이었습니다. 2012년의 저, 농사꾼이 되었습니다. 지금으로부터 5년 전 그렇게 원했던 직장을 그만두고 시골에 내려왔죠. 어렵게 시험 쳐서 들어간 직장인데 그만두자 부모님의 실망이 이만저만 아니었답니다. 처음에는 의욕적으로 일하려 했답니다. 학교에서 배운 것들을 실제로 세상에 구현하는 것 그것이 저의 꿈이었거든요. 그러나 매일 똑같이 굴러가는 일상, 뭔가 새로운 일을 하려 하면 윗사람은 괜한 일 벌리지 말고 조용히 지내라고 요구했죠.

사람들의 표정은 20대나 60대나 같은 표정. 어느 순간 두려워졌어요. '나의 30대는 내 옆의 상사이고 나의 40대는 저 사람, 그리고 나의 50대는 젤 윗자리에 있는 저 사람이 되겠지.' 정말

나의 농촌마을 입성기

자기 일이 좋아서 직장에 있는 사람이 몇이나 될까. 옆에 있는 동료에게 물어봤죠. 동료가 대답하더군요.

"나도 이 일이 좋은 건 아냐, 하지만 어쩔 수 없잖아. 이 나이에 어디 받아주는 곳도 없고."

한 번뿐인 인생, 도전 없이 살아간다는 게 아깝다는 생각이 들었어요. 지금의 직장을 포기하면 보통 사람들이 사는 것처럼, 몇 살에 결혼하고, 아파트를 사고, 자식을 낳고, 도전 같은 것은 어쩌면 못할 수도 있겠더군요. 그러나 내 마음에 물어봤죠. '은서야, 네가 정말 원하는 게 뭐야?'

순간 어렸을 적 꿈이 떠올랐어요. 언젠가 텔레비전에서 보았던 푸른 한 농장이 소녀 시절의 제 눈길을 사로잡았답니다. 도시에서 나고 자란 저는 그렇게 끝없이 펼쳐진 푸른 들판을 본 적이 없었던 거죠. 젖을 짜고 있던 농부는 환하게 웃으며 자기 일을 자랑스레 설명했답니다. 그때부턴가 마음 한구석, '저렇게 살고 싶다.' 라고 생각했었죠. 그러나 세월의 흐름과 함께 다른 꿈이 생겨나더군요. 학창시절에는 공부를 잘해서 어떻게 해서든 일류대를 들어가는 게 꿈이었고요, 대학에 들어가서는 대기업이나, 공사, 혹은 공무원이 되는 게 꿈이었죠. 2학년 때부터 시작한 취업공부. 토익은 900점이 넘어야 하고, 학점은 4점대를 유지해야 하고, 어학연수는 한 번씩 다녀와야 하는 목적만 있고 과정은 없는 삶이었어요. 그러니 무슨 재미가 있었겠어요.

  학창시절부터 착실하게 미래를 준비하다 보니 좋은 직장에 들어가게 되었죠. 그러나 문제는 엉뚱한 곳에서 시작되더군요. 제 인생의 사춘기가 시작되었죠. 막상 해 본 직장생활은 제가 생각했던 것과 달랐죠. 마치 대학 때 '과'를 잘못 선택한 것처럼 일이 몸에 맞지 않았어요. 예상치 못한 결과였죠. 살면서 가장 기본적인 질문들을 해 본 적이 없었다는 것을 그제야 알게 되었답니다. 이제 와 직장을 그만둘까? 그러면 나는 뭘 해야 할까? 생각이 꼬리에 꼬리를 물고, 내가 진짜 원하는 게 뭔지 생각해보았죠. 남들처럼 잘사는 것, 좋은 직장에 들어가는 것, 남자 잘 만나 시집 잘 가는 것 그런 것은 아니더라고요.

  제가 그런 조건들에 매여 있었던 이유는 혹시 사회에서 낙오되지 않을까 하는 두려움 때문이었어요. 또 오랫동안 받아온 교육 탓에 기존 세대들이 정해 놓은 길에서 벗어나면 뭔가 잘못한 것 같은 기분이 들었죠. '그래! 내가 하고 싶은 일을 하는 거야. 잘 안될 수도 있어. 뭐 어때? 내가 선택한 길인걸.' '뭐가 되어야 한다.' 라는 것이 머릿속에서 사라지니 마음이 자유롭더군요. 한없이 날아갈 것만 같은 기분. 어떤 것이라도 해낼 수 있을 것 같은 기분. 살면서 이런 기분은 처음이었어요. 누군가를 앞서야 한다, 지면 안 된다는 경쟁의식으로 살아왔거든요. 그런데 눈치를

나의 농촌마을 입성기

보지 않는다는 것이 사람을 자유롭게 해 주더군요.

예전에는 고민이 많았죠. 부모님께서 나를 교육하는데 돈이 많이 들었는데 갑자기 직장을 관둔다고 하면 얼마나 실망하실까? 주변 친척들은 내가 이상해졌다고 하겠지? 친구들은 뭐라고 할까? 혹은 제대로 된 직장에 다니지 않는데 뭘 해서 먹고살까? 하는 생존에 대한 걱정까지. 늘어나는 걱정으로 무엇하나 쉽게 결정할 수 없는 노릇이었죠. 그런데 한 번 '뭐 어때?' 하고 놓아보니까 마음이 가벼워지더군요. '무엇인들 해서 못 먹고 살겠어?' 하는 배짱이 생겼다고 할까요?

눈을 돌리니 세상은 모험으로 가득 찬 곳이었어요. 나의 손길을 필요로 하는 곳이 무궁무진해 보였습니다. 이왕이면 의미가 있으면서도 평소에 하고 싶던 일을 하고 싶더군요. 외국인들에게 한국어를 가르쳐 주는 일도 하고 싶고, 배낭여행을 떠나고 싶기도 했고, 좋아하는 드라마를 보는 것에만 그치지 말고 한번 써볼까? 하는 생각도 들었죠. 하여튼 직장을 그만두고 '자신이 좋아하는 일을 찾아 살겠다.', '나에게 솔직한 삶을 살겠다.' 라고 결심하고 주변인들에게 이야기하자 이런 눈길로 쳐다보더군요. '얘가 맛이 갔구나.'

시집을 가라는 친구도 있었어요. '직장도, 경력도 다 필요 없더라. 결국은 남편을 잘 만나야 한다.'고 하더군요. 들어보니 일리가 있었죠. 그런데 그것도 뭐 그렇게 하고 싶은 사람들이 하라지요. 친구들의 모임에 나가는 게 지겨워지기 시작했어요.

학교에 다닐 땐 비슷한 생각을 하고 비슷한 옷을 입고 비슷한 모습을 하고 있었지만 길이 달라지니 친구들과 저의 이야기는 엇박자 나듯 불협화음만 가져올 뿐이었어요. 주식은 어떻게 해야 하고, 보험을 어떻게 들어야 하고, 아파트는 어떻게 해야 하고. 복잡한 용어와 시장 읽기가 제게는 재미가 없었습니다. '아이구, 그 시간에 잠이나 더 자야지.' 어른이 되면 해야 하는 절차를 밟고 사회의 시스템 속으로 뚜벅뚜벅 걸어가는 친구들을 보며 저도 안달이 나지 않은 것은 아니었지만 100명이면 100명 모두가 그런 삶을 살아야 하는 것은 아니잖아요.

보세요. 만약에 어떤 사람이 10년 동안 같은 길만 걸었다고 쳐요. 그런데 어느 날 그 길이 공사하느라 막혔어요. 그러면 그 사람은 다른 길을 찾아야겠죠. 조금 둘러갈 수도 있겠지만, 처음으로 옆의 비포장 길을 걷게 되겠죠. 그런데 주변에 벚꽃이 눈발처럼 휘날리며 꽃잎이 자신의 콧잔등에 앉았다고 생각해봐요. 거기서 그 사람은 감동의 눈물을 흘릴 수도 있는 거예요. 그 길은 늘 옆에 있었는데 미처 보지 못한 거죠. 늘 하던 선택과 다른 선택을 하게 되면 새로운 세상이 펼쳐질 수 있다고 저는 믿었어요.

그 후로 저에 관한 이야기가 친구들에게 소문이나 제 얘길 들

나의 농촌마을 입성기

은 한 선배에게서 연락이 왔답니다. 그 선배는 원래 대기업의 부장이었죠. 부서에 직원이 한 30명쯤 되었다고 해요. 강남의 아파트에서 살던 잘나가는 회사원이었다는군요. 그런데 40대에 들어서자, 소위 말하는 '제2의 사춘기'라는 것이 찾아왔다고 해요. 그때까지 한 방향만을 보고 달려온 인생이었는데 자식이 자라고 부인도 자식 키우는 데서 해방이 되자, 자신만의 활동을 펼쳐나가는 것을 보고 허무해지기 시작했다고 하더군요.

'나는 돈 버는 기계인가?' 하는 생각도 들었대요. 과감하게 회사에 사표를 던지고 폐교를 빌려서 '마을 만들기'라는 것을 한번 해보고 싶었대요. 회사원 시절 세계 각국을 다니며 보았던 자급자족 형태의 공동체 마을을 보며 신선한 충격을 받았다고 하더군요. 공동체 마을인 핀드혼, 오로빌 그리고 시민이 자체 화폐를 개발하고 교육 시스템을 마련하여 도시를 꾸려나가는 토트넴 같은 곳이 마음이 와 닿았다고 해요. '우리나라에도 이런 곳이 있으면 좋겠다.'

그분에게서 연락이 왔답니다. 저보고 바로 선배가 있는 그곳으로 오라고 하지는 않았어요. 하는 일에 대해서 간략하게 설명을 해주었을 뿐이죠. 처음에는 체험차 폐교마을에 머물렀죠. 며칠 동안 머물다가 좋아서 기간을 일주일, 한 달 연장을 했죠. 마을에 사는 분들의 표정이 밝아 보였고 시골 공기가 주는 상쾌함 때문에 몸도 마음도 건강해지는 느낌이 들었습니다. 서울에 와서도 한동안은 그 생활이 그립더라고요. 그렇게 그리움은 짙어지고 결심을 했습니다.

혼자 살던 집에서 나오는 짐이 왜 그렇게 많은지. 그동안 불필요한 물건을 참으로 많이 사들였다는 생각이 들었죠. 도시의 삶은 그런 것일까? 소비하지 않고는 돌아가지 않는 구조로 되어있다. 길거리를 지나다 보면 얼마나 많은 상품이 나의 시선을 자극하는지. 그런 것에 좀처럼 관심 없는 부류도 많겠지만 저처럼 호기심이 많은 부류는 지나가다 신기한 게 보이면 멈춰 서서 구경하고 또 저도 모르게 지갑을 열어 자그마한 물건들을 사다 보면 집 안 구석구석 소품들이 그득하여지죠. 진열장에 전시되어 있었을 때에는 그렇게도 예뻐 보이던 것들이 이상하게 집에만 오면 빛을 잃고 시들해져 보이는 것은 왜 그런 것일까요?

그동안 이사하는 데 도가 트였다고 생각했지만, 이번에는 서울에서의 삶을 정리하는 것이어서 생각보다 시간이 오래 걸렸죠. 물건마다 스며있는 갖가지 추억들이 생각나 짐을 싸다가 상념에 잠기기도 하고, 어떨 때는 짐이 너무 많아 옷이 가득 널린 방안에 우두커니 앉아있기도 했어요. 그렇게 사흘이 지나자 짐은 웬만큼 정리가 되었고 시골에 가지고 갈 트렁크 두 개가 남았죠. '휴우. 그래 이제 출발이다.'

나의 농촌마을 입성기

충청북도 보은. 제가 살 곳이었죠. 선배가 말해주기 전까지 보은이라는 곳을 알았던가. 보은이 도대체 어디지? 지도를 펼쳐 보니 속리산 근처에 자리 잡은 곳이더군요. '속리산 근처라면 깡시골은 아니니 슈퍼는 있겠군, 다행이다.' 시골은 시골이라 이곳에는 기차역이 없더군요. 서울에서 버스를 두 번 혹은 세 번 갈아타야 도착할 수 있는 곳. 아~휴. 출발하기 전부터 한숨이 나왔어요. 내가 괜히 간다고 한 것은 아닌지. 앞으로 서울에 종종 올 텐데 그때마다 버스를 세 번이나 갈아타야 한다고? 내 평생 시골생활을 한 번도 해보지 못했는데 그것까지는 생각하지 못했네. 어째 지금이라도 안 간다고 얘기해버려? 하지만 일손이 모자란다고 눈이 빠지게 기다리고 있을 텐데.

소심한 성격을 대변해 주듯 결정을 하고 버스에 올라타는 순간까지도 갖가지 생각이 나의 발목을 붙잡았죠. 하지만 어쩌랴! 나의 발걸음은 벌써 버스로 옮겨졌고, 기사 아저씨는 제 표를 받아들었는걸요. 차창으로 서울의 빌딩 숲이 보였어요. 내가 그동안 이런 곳에 살고 있었구나. 차가 점점 내달릴수록 시내에서 멀어지고 산과 들이 가까워졌죠. 겨울이라 창 밖 풍경은 을씨년스러웠어요. 잔가지들은 눈의 무게를 견디지 못해 부러질 것 같았고 해는 구름에 가리어 간간이 드러날 뿐이었죠. 대전으로 갈 때에는 버스 가득 사람들이 차 있었지만, 대전에서 보은으로 가는 버스 안은 나를 합쳐서 승객이 열 명? 아니 다섯 명도 안 되어 보였어요. 처음에는 청바지에 티셔츠 혹은 치마 차림의 젊은 사람들이 버스 안을 채우고 있었다면 지금은 보글보글 볶은 머리의 농사일로 얼굴이 까맣게 탄 시골 할머니들이 시끄럽게 이런 저런 이야기를 하면서 버스 안을 채우고 있었죠.

"할매 이번에 어디 갔다 왔담서유?"

내 앞의 보라색 몸뻬를 입은 할머니가 옆의 파란색 몸뻬를 입은 할머니에게 물었다.

"친척 신혼여행에 따라갔다 왔잖유."

"아니, 왜 남의 신혼여행에는 따라가유?"

"아유, 나라고 왜 신혼여행엘 따라갔겠시유. 근데 그 친척이 연변에서 결혼했잖유 그래서 우리가 다 중국에 간거아니유."

"중국이유?"

"그래유. 조선족 아가씨하고 결혼했시유."

"어머 그래유?"

"여서(여기서) 버스 대절해가지고 서울까지 가서 거기서 비행기 타고 가니까 곰방(금방) 도착했시유. 연변이면 여기서 별로 안 멀어유."

"그래유?"

"신혼여행으로 온 가족이 백두산 갔다왔어유. 결혼식 다음

나의 농촌마을 입성기

날 우리 다 백두산으로 떠났구만유. 거기는 목숨 내 놓고 가야 하는 곳이유."

"목숨 내놓고유?"

"아유 말도말어유. 창밖을 빠꼼히 내려다보면 바로 낭떠러진데 거기를 올라가는 거유. 그렇게 산길을 빙빙 둘러서 백두산으로 올리기는 데 우리만 소리 지릅디다."

"하하하, 할매 애 많이 잡샀네유(애 많이 쓰셨네요.)."

앞좌석에 앉은 할머니들의 여행 다녀온 이야기를 구수하게 듣고 있는 동안 버스는 점점 으슥한 곳으로 들어갔죠. 산이 저만큼 멀어지는가 싶더니 바로 눈앞에 있고 또 다른 산이 저만큼 멀어지는가 싶더니 눈앞에 있는 것이 반복되어 몇 개의 골짜기는 넘은 것 같았죠. 산이 깊은지 푸른 소나무로 뒤덮인 산들이 몇 겹이 나타났어요. 마음은 점점 불안해졌어요. 혹시 나 이상한 곳으로 끌려가는 거 아닌가. 휴게소도 보이지 않고 도로 위에는 지금 타고 있는 버스 말고는 달리는 차도 하나 없었죠. 불빛도 보이질 않았고요.

"여어, 아줌마들 다 왔어유."

기사 아저씨가 시동을 끄고 저희 쪽을 돌아보며 말했죠.

"아이구마 고마워유."

몸빼입은 할머니들은 버스 기사와 친한지 다정하게 말을 하며 차에서 내리고 저는 얼떨떨한 표정으로 짐을 챙겨서 밖으로 나왔어요.

푸드코트와 가게들이 즐비한 터미널까진 바라지 않아도 최소한 승객들을 위한 전등 정도는 켜져 있어야 하지 않나요? 제가 도착한 그곳은 불빛은커녕 사람구경도 할 수 없는 시골 터미널이었어요. 기사 아저씨는 능숙하게 주차장에 차를 대더니 어디론가 사라졌고 저는 추운 시골 터미널에 혼자 남게 되었죠. 입고 있던 코트는 별로 도움이 되지 않았어요. 이런 곳에서는 오리털이 들어간 두터운 파카가 제격인데. 갑자기 산짐승이라도 내려오는 건 아니겠지? 혹시 도둑놈이라도 들이닥치면? 오돌오돌 떨면서 선배를 기다리고 있는데 어둠 속에서 검은 물체가 획 하고 지나가는 게 보였어요. 그 검은 물체가 다짜고짜 내게 오더니 가방을 낚아채는 것 아니겠어요?

"으아아, 누구 누구세요?"

그제야 그 검은 물체는 얼굴에 쓰고 있던 복면을 풀고 제 이름을 물었죠.

"채은서씨 아니세요?"

"마 맞는데요."

"안 선배가 부탁해서 나왔어요. 가방 주세요."

그렇구나. 저는 안심하고 그에게 가방을 주었죠. 그가 가져온

나의 농촌마을 입성기

것은 오래된 트럭. 가는 길에 서지는 않을까 걱정이 될 만큼 소음이 심했어요. 속리산 터미널에서 차로 10분 정도 달려 도착한 곳은 폐교였어요. 어렸을 적 12시가 넘으면 유관순 귀신이 나온다는 그런 폐교는 아니고 꽃과 나무로 담이 둘러쳐진 꽤 잘 단장된 폐교였죠. 학교에 도착하고 그가 데려간 곳은 작은 사무실.

"삼산만 기다려보세요. 관리팀장님이 나올 겁니다."

관리팀장? 선배가 분명히 생태공동체 마을이라고 했는데 여기는 학교건물이고 팀장이라고? 혹시 나 학교에서 일하게 되는 건가? 이런 생각을 하고 있는데 길쭉한 몸의 안경 쓴 사람이 나타났죠.

"안녕하세요. 저는 여기 관리팀장이고예, 지금 시간이 늦었으니 짐은 여기 놔두시고예 일단 잘 방부터 알려줄께예."

경상도 사투리를 심하게 쓰는 관리팀장이라는 분이 방을 안내해주었죠. 그가 안내해 준 방은 놀랍게도 한 방에 6명이 자는 곳이었어요. 보기에 방 크기는 딱 세 사람 정도 들어가면 알맞은 곳이었는데 거기에 6명이 살다니. 겁이 나기 시작했어요. 무턱대고 전원생활이겠거니 하고 생각했던 나의 순진함이 원망스러웠죠. 공동체 삶이라고만 들었지 합숙생활이라고는 생각 못했는데. 좋은 자리는 이미 이곳에 먼저 와 있던 사람들이 차지하고 저는 가장 구석자리에 자리를 깔고 누웠죠.

안 그래도 예민한 구석이 있는 저는 모르는 사람들과 한방에서 같이 산다고 생각하니 끔찍하기까지 했어요. 아니나 다를까 방의 이곳저곳에서 드르렁하고 코 고는 소리가 거짓말 안 보태고 방 천장이 날아갈 정도로 울렸죠. 옆 사람을 쳐다보았어요. 천둥번개가 치는 것 같은 코 고는 소리에도 아랑곳하지 않고 평화롭게 자고 있더군요. '아아, 나는 도저히 못 견디겠어.' 피곤함에도 불구하고 이불을 이리 뒤척 저리 뒤척 하다가 거의 뜬눈으로 밤을 지새웠죠. '나 아무래도 이상한 곳에 오게 된 것 같아. 여기 말로만 듣던 삼청교육대 이런 데 아닐까?'

방 안에서 함께 잠을 자던 5명의 사람이 부스스한 얼굴로 아침에 일어나 신참인 저에게 질문하려고 입을 벙긋거릴 무렵 관리팀장은 방문을 똑똑하더니 마치 교도관처럼 제 이름을 불렀어요.

"채은서씨 저 따라오세예."

그와 나는 사무실에 조용히 마주하고 앉았죠. 그가 나를 찬찬히 살펴보았어요. 저는 부끄러움에 얼굴이 점점 붉어지고 고개를 숙이고 앉았죠.

"여기가 어딘 줄은 알고 왔겠지예?"

"예…생태공동체 마을 한다고…….."

"생태공동체마을이 뭔지는 알아예?"

"책에서 좀 읽었어요."

"진짜로 여기 하고 싶어서 왔어예?"

그의 목소리가 어느새 날카로워졌다.

"이런 삶을 한번 살아보고 싶었어요."

저를 이곳에 부른 선배는 보이질 않고 관리팀장이라는 분이 세게 일종의 지격심사 같은 것을 했죠. '어떡하지 별 준비 없이 내려온 걸 알면 쫓아 보낼 텐데.' 걱정이 엄습했죠. 다시 대답했어요.

"생태공동체 삶을 꼭 살아보고 싶었어요. 여기 이야기는 선배를 통해 자주 들었고요. 사실은 예전에 여기 몇 번 놀러 와 본적도 있어요. 그때는 이렇게 사람이 살지는 않았는데 지금은 공동체가 되었네요."

"은서씨 선배가 은서씨 잘할 거라고 해서 알았다고는 했는데예 여기는 공동체 생활이기 때문에 조심해야 할 게 많아예."

"네, 염두에 두고 있어요."

"완전히 입주가 허락된 거는 아니고예 몇 달간 지켜볼 거니까 잘 해보세예."

"예, 고맙습니다."

"자 이거는 생활수칙."

그는 공동체 생활수칙이라며 A4 두 장을 빽빽하게 채운 종이와 볼펜을 꺼내 들더군요. 공동체를 살아가는 데 기본 생활수칙이 존재하는 것은 당연한 일인데 그때는 그런 것들이 무서웠어요. 그도 그럴 것이 빼빼 마른 몸의 안경 쓴 2:8 가르마를 탄 관리팀장이라는 분이 제가 생활 수칙을 읽을 동안 저를 계속 살폈기 때문이죠. 마치 '하나라도 어겼다간 큰일 날 거야.' 하는 것처럼 말이죠. 지금에는 여여 하며 친한 사이가 되었지만, 그때는 덜덜 떨며 공동체 생활수칙을 꺼내 들어 찬찬히 읽었죠.

마을생활수칙이라고 적힌 종이에는 다음과 같은 내용이 있었어요.

1. 아침은 7시 반부터 8시 반까지, 점심은 12시 반부터 1시 반까지, 저녁은 5시 반부터 6시 반까지.
2. 자기가 먹은 것은 자기가 치울 것. 음식물 쓰레기는 되도록 남기지 말 것.
3. 아침 8시 40분에 마을전체 조율시간
4. 매주 한 번씩 마을회의
5. 소등시간은 11시
6. 샴푸, 린스 사용금지
7. 비누는 직접 만들어서 쓸 것
8. 치약대신 죽염으로 이를 닦을 것
9. 매일 4시간씩 울력에 참여할 것

10. 매주 돌아가면서 부엌일 도울 것

　지금에야 익숙해지니 별일 아닌 것처럼 느껴지는데 그때는 그 일들이 지키기엔 너무나 큰 일 같았죠. 그도 그럴 것이 그전까진 누군가와 생활해 본 경험이라고는 학교 다닐 때 기숙사 룸메이트가 있었다는 것 정도이고, 그나마 그 룸메이트는 각종 실험과 연구조사로 얼굴을 보기 어려워 거의 저 혼자 방을 쓰는 거나 마찬가지였거든요. 그리고 직장생활을 하면서 밥은 거의 외식으로 때워 주방일은 미숙하고, 혹 지방에 있는 집에 가끔 들를 때에도 엄마가 해주는 밥을 당연하게 생각했죠. 역시 엄마가 해주는 밥은 맛있어하면서 철없이 말이에요.

　혼자 사는 사람들은 알겠지만 모든 스케줄이 자신을 위한 것이죠. 일어나는 시간, 자는 시간, 밥 먹는 시간, 쓰고 싶은 물건을 사는 일부터 시작해 먹고 싶은 것, 보고 싶은 것, 하고 싶은 것, 이 모든 것들을 자신이 하고 싶은 대로 정해서 살죠. 그런데 이제부터는 평생 동안 제가 했던 생활패턴을 반대로 되돌려야 해요. 일어나는 시간은 4시 반에서 5시 사이. 물론 늦잠을 잘 때도 있지만, 방안의 모든 사람이 그 시간에 일어나서 부산한 와중에 쿨쿨 자기란 힘이 들죠. 그리고 밥 먹는 시간도 정해져 있어요. 혼자서 살 때는 내가 먹고 싶은 시간에 내가 먹고 싶은 메뉴를 골라서 먹는 것이 당연했는데 여럿이 살게 되니 정해진 시간에 정해진 메뉴를 먹어야 하고 또 먹고 싶은 게 있어도 읍내로 나가지 않는 이상 그렇게 하기란 어려운 일이었죠. 당연하게 생각했던 것들이 당연하지 않은 것이 될 때 잃어버린 것의 소중함이 떠오른다죠. '아아, 까르보나라와 함께 했던 나날들.'

눈을 동그랗게 뜨고 정해진 규칙들을 읽어나가자 관리팀장이라는 분이 펜을 내 쪽으로 놔두더니 말했죠.

"은서씨는 초짜니까 주방일 도우면 되예."

얼떨떨한 표정으로 밑에다가 서명하고 종이는 책상에 놔두었다. '저 규칙들을 다 외우려면 복사라도 해 놓아야겠는데 조금 있다가 와서 베껴두기라도 해야겠다.'

자기 밥도 제대로 안 챙겨 먹던 제가 주방일이라뇨. 농사도, 장작 패는 일도, 뭣 하나 제대로 할 수 있는 게 없었던 저는 주방일이 그나마 할 수 있는 일이었어요. 어머니가 해 주시던 밥을 먹던 시절에는 부엌일이 힘든 줄 몰랐죠. 설거지라는 것은 음식을 먹고난 뒤 그릇을 뽀드득 소리나게 깨끗하게 씻는 작업인데 제가 사는 곳은 생태적인 삶을 지향하던 곳이었기에 계면활성제를 쓸 수 없었어요. 기름기 있는 음식을 먹은 날에는 설거지가 얼마나 힘들던지.

주방 일을 담당하던 언니가 저를 보고 깜짝 놀라더군요. 어떻게 깍둑썰기조차 할 줄 모르냐면서 말이죠. 칼질. 보기엔 쉬워 보였는데 이것 또한 오래 숙련을 해야 하는 일이더군요. 이곳에서 저는 모든 것을 새로 배워야 하는 아기와도 같은 상태였죠. 아기는 귀엽기라도 하지 다 큰 어른이 하나부터 열까지 배워야 하니 그 막막함이란 보는 사람도, 배워야 하는 사람도 답답했어요. 지금도 같이 살던 아줌마들의 시선이 잊히지 않네요. 무엇을 하려고 할 때마다 따갑게 따라붙던 시선.

'쟤가 제대로 하나? 혹시 사고를 내는 건 아닐까?' 이렇게 말이죠.

처음 주방에 들어왔을 때의 일이에요. 점심시간 직전의 주방은 고도의 집중력으로 음식을 마무리해야 하는 때죠. 그런 시간에 아무것도 모르는 제가 도우미로 들어왔다는 것은 한창 기말고사 공부를 하고 있는데 두 살짜리 조카가 들어와 놀아달라고 하는 것과 같은 이치라 할까요. 그래도 저는 열심히 했다고요. 전문가의 눈에는 차지 않겠지만 말이어요. 뭐라도 하겠다고 들어왔으니 칼로 무어라도 한번 썰어봐야 하는 것 아니겠어요? 하지만 도우미 이틀 차엔 칼질에서 설거지로 사흘 차엔 바닥청소로 보직이 변경되었답니다. 내 신세야. 혹시 이 책을 읽고 있는 독자 여러분. 집에서 어머니가 해주신다고 방에만 앉아있지 마세요. 혹시라도 모르니 하다못해 MT를 간다고 해도 요리실력,

칼질은 필수라니까요. 아무것도 할 줄 모르면 그건 주위 사람들에게 정말 민폐에요. 민폐.

하루에 4시간씩 있는 울력 시간엔 전 마을 사람들이 나와 일을 해야 하는 시간입니다. 평소에 등산도 하고, 운동도 꾸준히 했더라면 이 시간이 그렇게 힘들지 않았을 텐데 책상에서만 일했던 터라 저에게는 이 시간이 공포의 시간과도 같았죠. 처음에는 어떻게 하면 일을 적게 해볼까, 어떻게 하면 힘을 덜 써볼까 이런 생각만으로 그 시간을 보냈다니까요. 몇천 평이나 되는 땅을 보고 있노라니 한숨은 절로 나오고, 내가 뭐하나 싶기도 했어요. 거울을 보았죠. 없던 기미가 잔뜩 생기고, 얼굴은 덕지덕지 검댕이 묻어있고, 옷차림은 또 어떻습니까. 영락없는 시골 아낙입니다.

몸도 펑퍼짐해지면서 27살의 저는 점점 아줌마가 되어가더군요. 자조적인 웃음을 지어보기도 했지만 뭐 그만둡시다. 우울해져 있어봤자 저만 손해니까요. 다행인 건 우리 모두 이런 모습을 하고 있었기 때문에 상관없다 이겁니다. 직장 다닐 때를 생각해봐요. 아침 일찍 일어나서 꽃단장해야 하고 때로는 화장도 지우지 않고 잤던 그 나날들을요. 후후후, 저만 그랬다고요? 다른 여성분들은 안 그런데 같이 걸고넘어지지 말라고요? 네네. 죄송합니다.

나의 농촌마을 입성기

폐교마을은 일단! 생태적인 삶을 지향하던 곳이었어요. 지금도 그렇지만 그때는 더욱 초창기였으니 '생태'라는 말을 걸기가 민망스러운 때였죠. 우리가 추구하는 삶의 방식이 그랬기 때문에 땔감은 기름이 아닌 나무로 대체했었죠. 땔감이 나무이니 나무를 베는 것이 당연한 일이겠죠. 그런데 말입니다. 태어나서 톱질 한번, 밍치질 한번 못해본 제가 어찌 나무를 벱니까. 안 될 말이죠. 부끄럽게도 옛날 버릇이 나오더군요. 코맹맹이 소리를 한껏 내며 남성분들께 해달라고 부탁을 했죠.

"아이, 오라버님~, 저 도끼질 한 번만 해주세요."

솔직히 뭐가 예쁘겠습니까? 몸뻬 바지에, 얼굴은 피곤으로 찌들어 있고, 남자든 여자든 할 것 없이 일거리가 태산 같은 이곳에서 자기 일은 자기가 스스로 해야 하는 법이었거든요. 그래도 해주더군요. 나중에는 일을 배우긴 배웠지만 그래도 역시 도끼질은 함부로 하면 안됩니다. 허리를 못 쓰겠더라고요. 에구구.

주방 일을 졸업하자 밭일에 참여할 수 있었어요. 그때는 그게 얼마나 좋던지. 마치 승진한 것처럼 기뻤다니까요. 원래 논이었던 그곳은 밭으로 사용하기에는 너무나 질퍽했죠. 물을 조금만 많이 줘도 발이 쑥쑥 빠지던 땅이었답니다. 몇 명의 아줌마와 함께 가꿔나가기엔 너무나 넓은 땅. 사실 농촌이라면 그 정도 땅에서 일하는 거야 정원 가꾸기 수준이었지만 모든 게 처음이었던 저의 입장에선 그 땅이 툰드라 지대만큼 넓고 냉해 보였습니다. 나오는 건 한숨이요, 펼쳐진 건 땅이었습니다. 그 와중에 거름을 뿌려야 한다고 트럭째 싣고 왔던 계분들. 처음에는 닭의 '응가'였을지언정 몸에 안 묻게 하려고 갖은 애를 썼습니다. 장갑, 마스크, 비닐 우의를 입고 계분을 뿌렸는데 몇 시간을 거름과의 전쟁을 치르고 나면 몸에서 악취가 진동했죠. 우리는 서로의 몸에서 냄새가 난다고 말했었죠. 자기 몸에서 나는 줄도 모르고 말이여요.

초보자들이 흔히 저지르는 실수가 다양한 식물을 많이 심는다는 거예요. 고추, 토마토, 치커리, 양배추, 배추, 무, 양파, 마늘……. 이렇게 저희가 아는 채소류는 죄다 심고 그것도 모자라 수박과 참외까지 심었답니다. 훗날의 이야기지만 우리는 방울수박, 방울참외라는 신종 과일을 탄생시켰답니다.

여러분 그것 아세요? 자연은 반응한다는 것을요. 씨앗을 뿌린 것도 우리, 물을 주는 것도 우리잖아요 그러니까 채소들 입장에선 저희가 엄마이자 아빠인 거예요. 우리가 비닐하우스에 들어서면 채소들이 반응해요. 뭐라고 꼬집어서 말하기는 뭣하지만 저희를 보고 반가워하는 느낌이 들어요. 그리고 물을 주거나 보살펴 주면 더 반가워하는 느낌이 들고요, 시들시들할 때는 슬픈 느낌이 들더군요. 저는 아스팔트가 고향인 사람이라 자연

나의 농촌마을 입성기

의 소리에 무디잖아요. 그런 제가 '자연이 반응하는구나.' 하고 느꼈으니 다른 사람들은 오죽할까요. 제가 씨를 뿌린 데서 싹이 나고 또 애들이 자라나니까 신기했어요. 조물주의 마음이 이런 것일까, 또 부모의 마음이 이런 것일까 하고 간접적으로 느끼게 되었으니까요.

아기들도 엄마의 손길이 필요하듯 아기 채소들도 그렇더군요. 물을 줄 때에도 위에서 바로 아래로 뿌리지 않고 살살 줘야 하고, 물을 주는 시간도 냉해를 입지 않도록 이른 아침은 피해야 하고요. 계분은 독하니까 거름 대신 EM(유용 미생물 군)을 살살 뿌려줘야 하고요. 그렇게 아기 채소들이 쑥쑥 자라고 몇 개월이 지나면 수확할 시기가 와요. 그때 아이들을 뽑아야 하는데 마음이 아프더군요. 한편으론 이런 생각이 들었어요. '자연은 우리에게 작은 것이지만 전부를 주는구나.'

배추 한 포기를 보면 씨앗에서 출발해, 땅의 양분과 햇볕을 받아 저 혼자 쑥쑥 크지 않습니까? 그렇게 자란 자신의 몸 전체를 인간의 식량으로 쓰는 거더라고요. 그런 생각을 하니 배추 한 포기도 소중하지 않은 것이 없더군요.

조상님들은 일찍감치 자연과 벗 삼는 생활을 하다 보니 자연을 소중하게 여기는 삶이 몸에 배 있었더군요. 농사일 때문에 이런저런 다큐멘타리 자료를 찾아보았죠.

이런 구절이 있더군요. 산길을 걸을 때는 짚신에 밟혀죽는 벌레들을 줄이려고 일부러 느슨하게 꼰 짚신을 신고 갔다는 것과 물을 버릴 때에도 쓰고 난 물을 땅에 함부로 버리지 않았다는 것 그리고 똥을 거름으로 사용했기에 중요시했다는 것, 심지어 법으로 지정해서 함부로 똥을 다루지 못하게 했다고 하더군요.

제가 어디서 들은 바로는 자연의 생태계는 흙과 생명이 순환하는 시스템이었다고 해요. 먹이사슬의 과정을 통해 식물은 초식동물에게 먹히고 초식동물은 육식동물에게 육식동물은 인간에게 또 인간이 남긴 거름은 자연으로 돌아가는 시스템이 조화를 이루었는데 현대에 들어 이런 시스템이 붕괴하였죠. 이런 말 하기는 우습지만, 똥이 거름으로 쓰이지 않고 그 자리를 화학비료로 대체하게 되면서 많은 문제가 생겼다고 해요.

잘 모르겠으면 지금이라도 어떤 채소라도 좋으니 한번 길러보기를 권해요. 자신이 기른 채소를 자신이 먹는다고 생각하면 어떤 먹을거리도 함부로 할 수 없으니까요.

기르는 과정 중에 자연과 내가 접촉하면서 내 안에 어떤 감정이 싹트게 되지요. 슈퍼에서 보던 채소들은 '상품'으로 보게 되지만 내가 기른 채소는 '생명'이라는 얼굴로 마주 보게 되니까요. 제가 잘하고 있다는 것은 아니에요. 베테랑 농사꾼들도 많고, 제대로 된 유기농법으로 채소를 기르는 사람도 많지요. 그런 분들

나의 농촌마을 입성기

에 비하면 저는 한참 모자라는 수준입니다. 뭐든지 처음 하면 이 것저것 신기하잖아요. 그런 마음에 여러분께 이렇게 떠들어 대는 거라고 이해해주세요.

한편 잘 모르는 사람들과 공동체를 일구면서 사는 일은 쉬운 일이 아니었답니다. 하나부터 열까지 마음에 드는 것이 없었죠. 그도 그럴 것이 나이가 가장 어리게는 4살부터 최고 70대까지 있으니 서로 살아온 세월이 다르고, 문화가 달랐으니까요.

또 사람이 많이 모이는 곳에선 으레 뒷담화가 시작됩니다. 후후후. 저라고 뭐 별수 있겠어요? 쟤는 왜 저럴까? 얘는 왜 이럴까? 이해 가지 않는 게 한둘이 아니었어요. 처음에는 너무너무 밉더군요. 부부가 함께 산 지 3년쯤 지나면 서로가 지겨워진다는 이야기가 이런 걸 두고 하는 이야기구나 싶더라고요. 부부는 사랑해서 만난 사이지만 우리는 생판 모르는 남이 아닙니까. 나가고 싶다는 생각을 한 것이 한두 번이 아니었어요. 그럴 때마다 저를 붙잡아 두었던 것은 마음속의 울림이었습니다. 자신감 없고 우울했던 시절의 제 모습이 떠올랐습니다. 내면의 울림이 되었던, 여기서 포기하면 다른 곳에서도 마찬가지다. 이번이 마지막이다. 하는 마음가짐으로 왔던 곳이죠. 이곳을 나가면 제가 과연 어디로 가야 할까요? 이전과 같은 생활? 몇 년 정도 경력을 쌓고는 승진하고, 펀드를 들어서 대박을 꿈꾸고, 꼬박꼬박 보험을 내고, 모임에 가입해서 나가야 하는 그 생활을 말입니다. 무엇보다도 나 자신을 위해 그럴 수가 없었습니다. 여기서도 해내지 못하면 다른 곳에 가도 마찬가지다. 못 견디고 뛰쳐나올 것이다라는 생각이 들자. 그만둘 수 없더군요. 저를 지지해주고 제 얘길 들어주던 친구가 있었기 때문에 처음의 생활을 견딜 수 있었던 것 같아요.

그로부터 5년. 지금은 생활도 많이 안정되었고 저희 삶의 방식을 주변 마을 사람들이나 도시 사람들에게 알려주기도 해요. 강의도 하고 교육도 하지요. 저희만의 문화도 생겼고, 축제도 가끔 연답니다. 돌이켜 보면 마을에 입성한 지 얼마 안 되었던 시절이 알콩달콩 재밌었던 시절이었어요. 처음 만나서 좌충우돌 바람 잘 날 없던 시절 말이어요. 네모, 세모, 별표, 각종 모양의 도형이 만나서 동그라미가 되기 위해 얼마나 많이 부딪치고 마모되어야 했겠어요? 처음 공동체 생활을 하면서 겪은 이런저런 일들은 하나가 되기 위해 겪는 통과의례라고 할까요? 지금 생각하니 그랬던 것 같아요. 그런 시간이 사람을 더욱 성숙하게 해주는 것인데 그 점은 깜빡하고 좋은 것만을 당연하다고 받아들였으니 말이에요.

그 사이 저는 펜을 들었어요. 제가 겪었던 일들을 일기형식으로 써내려 나갔죠. 겉으로는 느긋해 보이는 일상이지만 제 마음은 전에 없던 다양한 경험으로 요동을 치고 있었으니까요. 처음에 따에는 대단한 결심을 하고 이곳에 왔는데 살면서 내가 생각하는 만큼 자신이 대단치 않다는 것도 알게 되고, 초보 농사꾼으로 겪는 좌충우돌 일상을 블로그에 올리기도 하면서 의외로 이런 삶에 관심이 있는 사람들이 많다는 것을 알게 되었어요. 온라인이라는 공간이 차가운 공간만은 아니라는 것을 알게 된 것도 사람들과 소통하며 얻은 수확이지요. 앞으로도 제 얘기는 계속될 거예요. 삶은 언제나 ing인 것처럼 말이죠. 뭐든 처음이 어려운 법이에요. 제가 어떻게 되는 줄 알고 극구 말리던 주변 분들은 이제 저를 인정해주고 가끔 시골 마을에도 찾아와 자신들도 이렇게 살고 싶다고 말합니다.

아이쿠! 생각에 빠지느라 박자를 놓쳤어요. 지휘자가 눈을 찡긋하며 제게 주의를 시킵니다. 노래는 점점 클라이맥스로 치닫습니다.

    에헤라 디야~

    에헤라 디야~

    전국에서 불러 모은 이상스런 사람들

    우리들이 모여 만든 시골마을

    앞으로도 좌충우돌 연속이겠지만

    함께하면 우주까지라도

에헤라 디야~

에헤라 디야~

덩기덕 쿵덕!

마지막 장구 소리와 함께 합창은 끝이 났죠. 사람들의 박수 소리가 강당 한가득 울려 퍼지고 무대 뒤에서 단원들 간에 포옹하며 말합니다.

"그동안 수고했어."

상대의 마음이 제게 전달됩니다. 차갑던 몸이 따뜻해집니다.

'그래, 삶이란 이런 것이지.'

여기서 저의 '농촌마을 입성기'를 마칠까 해요. 27살의 저는 그동안 32살 아가씨 아줌마(?)가 되었어요. 저의 이야기는 어느덧 우리들의 이야기가 되었죠. 앞으로 우리가 마을을 잘 일구어 갈 수 있을까요? 에에잇, 미리 걱정하면 뭐하나요. 삶은 부딪치면서 깨닫는 건데요. 혹시 다시 전 직장으로 돌아갈 마음은 없느냐고요? 글쎄요, 제가 하고 싶으면 예전 생활로 돌아갈 수 있겠죠. 그런데 이런 생활 저런 생활이 따로 있나요? 이렇게도 저렇게도 제 마음대로 할 수 있다는 것. 그것이 한 번의 도전을 통해 얻은 마음의 자유랍니다.

나의 농촌마을 입성기

이 글은 소위 88만 원 세대라고 불리는 잉여들을 위한 글이에요. 아마 다양한 사람들이 있을 거라 생각해요. 참, 제가 뭐라고 이렇게 떠들어 대는 게 부끄럽기도 하지만 저의 경험이 여러분의 결정에 조금이라도 참고가 되었으면 하는 마음이에요. 잉여세대 중에는 구직활동을 하는 분들도, 아르바이트하는 분들도, 이 기회에 자신의 삶에 대해 조용히 반추해 보는 분들도 있을 거예요. 어떤 것을 선택하든 그것은 자신이 하는 거라고 생각해요. 이 선택에 옳고 그름은 있을 수가 없죠. 저 같은 경우 직장을 그만두게 된 계기는 자유롭지 못하다는 생각 때문이었죠. 세상이 붙여놓은 이런저런 잣대로부터 말이어요. 예를 들자면, 이 정도의 학벌과 능력이 있으니 이 정도 직장은 들어가야지. 이 정도의 나이에 다들 결혼하니까 나도 그때쯤은 결혼해야겠군. 보통은 이 나이에 이 정도의 돈을 모으니까 나도 그 정도는 모아야겠군. 하고 말이죠. 그런데 어느 순간 내 안의 자신이 묻더군요.
'은서야, 네가 살고 싶은 삶은 뭔데?'
갑작스레 묻는 제 마음에 대답하기 위해 그때부터 내 안을 들여다보기 시작했어요. 그제야 그동안은 겉을 다듬느라 안을 들여다보는 일에 소홀했다는 것을 알게 되었죠. 내가 원하는 삶이라……. 쉽고도 어려운 주제였어요. 인생의 갈림길에서 자신에 대해 솔직해질 필요가 있었어요.

본래의 저는 조직에 얽매여서 어떤 일을 하는 것을 힘들어하더군요. 뭔가 창의적인 일을 하는 것을 좋아했고 말이지요.

다만 살면서 제가 무엇을 좋아하는지 한 번도 생각하고 경험할 기회를 가져보지 못했더군요. 더 크게 점프하기 위해 개구리가 한참을 웅크리고 있듯 저도 제게 휴가를 주기로 했어요. 그러자 내 마음속의 내가 또 질문하더군요.

'야, 돈은 어떡하려고? 나이 먹어 가는 거는 생각 안 해?'

물론 두렵지 않은 것은 아니었어요.

그러나 이전의 삶으로 돌아가고 싶지는 않았어요. 하루하루가 재미없었거든요. 비슷한 직장에 들어가 의무감으로 하는 일들을 하고 싶진 않았어요. 물론 모든 사람이 저 같은 선택을 해야 한다고 말하는 것은 아니예요. 사람마다 좋아하는 것도, 생각하는 것도 다르니까 말이에요.

5년 동안 시골에서 '풀타임(full time)'으로 산 것은 아니고. 완전히 이곳에 내려와 산 것은 이제 2년이 되었답니다. 3년 동안은 적응기를 거쳤죠. 저를 알았던 사람들은 지금의 제 모습을 보면 깜짝 놀란답니다. 예전에는 완벽하게 화장을 하고, 옷을 입지 않고는 밖에 나가지 않던 제가 추리닝을 입고도, 화장하지 않고도 아무렇지 않을 수 있고 머리만 커다랗고 몸 쓰는 일은 하기 싫어하던 제가 마당의 화목을 거뜬하게 나르는 정도가 되었으니

나의 농촌마을 입성기

말이에요. 인생이란 길 위에선 유쾌한 반란도 필요한 법이지요.

잉여세대라 하든 88만 원 세대라 하든 그런 것은 중요한 것이 아닌 것 같아요. 틀이란 사람이 만드는 것이니 그 틀을 깨는 것 또한 제가 하면 되는거니까요. 현실은 소설이 아니므로 모든 것들이 뿅! 하고 180도 달리지지는 않지만, 이런저런 불만 속에 자신을 성장시키는 것이 내 삶의 주제가 아닐까 해요. 우리는 모두 같은 공간을 살아가는 동시대인이자 한 가족이잖아요? 우리 함께 노력해봐요. 삶이라는 무대를 향해 끊임없이 달려나가요. 다만, 자기 일에 대해서는 솔직해질 것. 그것이 내 삶의 주인공이 되기 위한 전제조건이에요.

내 가슴에 귀 기울여 | **여섯 번째 이야기**

10대를 향한 위로 한 마디.
"힘내..지마"

10대를 향한 위로 한 마디 "힘내...지마"

10대를 향한 위로 한 마디.
"힘내..지마"

스티브 잡스는
꿈이 아닌 현실이었다

지난 해 가을, 세계적인 CEO 스티브 잡스가 돌연 세상을 떠났다. 우리의 일상이 되어버린 '스마트'한 세상을 설계하고, 항상 그 중심에 서 있던 인물이 사망한 것이다. 물론 우리에게 그가 생을 마감하는 순간 자체가 중요한 것은 아니다. 그의 인생. 정확하게는 그의 성공에 많은 사람들이 열광하고 존경을 표했다는 사실이 중요하다.

그리고 더 많은 시간을 되돌려보면, 지난 2005년. 대한민국 출신의 축구선수 박지성은 아시아 선수 최초로 잉글랜드의 세계적인 프로축구팀 맨체스터 유나이티드에 입단하며 숱한 화제를 불러 일으켰고, 여전히 그는 퀸즈 파크 레인저스로 이적한 뒤에도 성실하고 프로다운 자세로 새로운 역사를 쓰고 있다. 박지성 외에도 대한민국 스포츠 스타 중에는 김연아, 박찬호, 박세리 등 전 세계 팬들이 열광하는 '스포츠 히어로'들이 존재한다. 특정 분야를 벗어나면 미국의 오바마 대통령을 비롯해 반기문 유엔사무총장 등 가치를 평가하기 힘든 사회적 지위를 얻은 인물들이 이 세상에 존재한다.

그들의 공통점은 무엇일까. 결코 어렵게 생각할 필요가 없다. 그들은 모두 '꿈을 실현한 사람들'이다. 그 결과이자 증거로, 그들은 현재 많은 사람들의 존경과 선망의 대상이며 자신들이 원하는 삶을 살 수 있는 '획득된 지위'를 누리고 살아가고 있다. 그리고 그들의 또 다른 공통점은 결코 만들어진 판타지가 아니라는 점이다. 그들은 인위적으로 생성된 게임 캐릭터도 아니고, 위인전에서만 마주친 허상의 대상도 아니다. 우리에게는 '다른 세상 사람들'만 같은 그들도 우리와 다를 것 없는 현실의 인물들임이 분명하다. 이것이 바로 자라나는 10대가 기억해야 할 가장 기본적인 현실의 전제다.

누군가 꿈을 '자면서만 마주치는 존재'로 인식하고 산다면, 위의 인물들 모두를 '저 세상 사람들'이라고 말해 줄 것이다. 하지만 무한한 가능성을 지니고 건설적인 꿈을 꾸는 청춘이라면 저 사람들과 어깨를 나란히 하는 꿈을 꾸어도 좋다고 말해 주고 싶다. 무언가를 꿈꿀 때, 또 목표를 정할 때, 우리가 가장 먼저 해야 할 것은 한계를 규정하는 일이 아니라 한계를 극복한 인물들의 발자취를 넘어설 수 있다는 믿음을 갖는 일이기 때문이다. 바로 그것이 진정으로 현실을 직시하는 방법이다.

이는 자신의 성적표를 보고 갈 수 있는 대학을 점치는 일과는 근본적으로 다르다. 자신의 능력을 성적으로만 평가할 수 없기 때문이다. 우리들은 한 두가지 잣대나 가치로 평가할 수 없는 존재이며 '보통의 생각'보다 훨씬 더 무한한 가능성을 지니고 있다. 이를 의심하지 않고 보다 높은 꿈을 꾸기 시작할 때, 비로소 우리는 '꿈을 이룰 준비'를 시작하게 된다.

여기서 중요한 점은 가능성의 잣대를 규정하지 않는 것처럼 성공의 가치도 정답을 내릴 수 없다는 점이다. 비록 스티브 잡스나 박지성 같은 자신의 분야에서 '최고'라고 평가받고 있는 이들을 예로 들며 '가능성의 무한함'을 설명했지만, 꼭 그들과 같은 표면적 성공이나 높은 사회적 지위가 아니더라도 자신이 행복할 수 있는 꿈이라면 성공의 기준도 달라질 수 있음을 명확하게 기억할 필요가 있다. 말하자면, 주관적인 관점에서 자신이 꿈이라 생각하는 삶을 구상할 때, 이상이 너무 높다는 이유로 불가능하다고 주저앉지 말자. 그러한 패배의식은 가능한 빨리 버릴수록 좋다.

무한도전 : 우회의 청춘

나의 이야기를 하자면, 그야말로 무한도전의 연속이었고 동시에 우회의 청춘을 살았다고 자부한다. 10대와 20대 초반을 살면서 남들이 흔히 접할 수 없는 일들을 해왔고, 꿈꾸는 이상에 접근하기 위해 많은 노력을 되풀이 했다. 무한한 가능성을 지닌 10대들이 이러한 현실을 '제대로' 직시하기 시작했다면, 지금부터는 꿈을 꾸는 이야기를 시작해 보겠다.

고등학교 2학년 무렵. 나는 감히 인생을 설계하기 시작했다. 하고 싶은 일을 하며 돈을 벌고 인정을 받는 것이 '진짜 행복한 인생'이라고 믿었다. 그래서 하고 싶은 일을 찾아 그 일을 할 수 있는 대학에 가고 공부하는 청춘을 꿈꾸며 서둘러 도전을 시작해야만 했다. 당시 내 가슴을 가장 뜨겁게 만들어 준 단어는 '음악'이었다. 음악을 듣고 부를 때야 말로 비로소 내 영혼이 춤춘다고 느꼈다. 대단한 표현 같지만, 그 당시의 마음은 실로 그랬다.

하지만 터무니없는 선택이었다. 인생이라는 시험은 언제나 주관식처럼 '쓰고 싶은 답'을 쓰려고 하지만 알고 보면 항상 오른손으로 선택지를 가리고 있을 뿐이었다. 어린 시절부터 한 번도 음악을 제대로 배워보지도 않았고 가슴에는 품어도 손끝으로 쏟아낼 만큼 적극적이지도 못 했기에 18살의 음악 인생 설계는 치

10대를 향한 위로 한 마디 "힘내...지마"

기어린 허풍에 불과한 것이었다. 결국 음악(작곡가로서의 삶)을 포기했다. 몇 날 며칠을 담임선생님, 부모님 등과 함께 대화로서 꿈을 논의해 보았지만 실패했다. 사실, 실패의 가장 큰 원인은 스스로를 설득하지 못 했기 때문이다. 자신이 없었다. 타고난 재능과 숱한 노력이 더해져도 어려움을 겪을 수 있는 분야에 '맨손과 헝그리 정신'만으로 덤빈다는 것이, 또 미래를 결정할 수도 있는 일을 '우기고 우겨서' 선택한다는 자체가 무리였다. 결과적으로 머나먼 미래를 맡길 만한 용기를 내는 것도 두려웠기에 스스로에게 백기를 들어야만 했다.

그럼에도 불구하고 음악이 정말 좋았다. 그럴수록 현실은 복잡했다. 학교 성적은 적어도 평범한 수준 정도는 자신했으나 동기부여가 전혀 되질 않았고, 음악을 하고 싶은데 할 수 없는 것을 본인 스스로가 인정하고 나니 더더욱 앞길이 막막했다. 그때부터 심연에 빠져 지냈다. '나는 무엇이 되어 무엇을 먹고 살까' 하는 생각을 시작한 게 아니라 '내가 진정 하고 싶은 것과 할 수 있는 것의 접점은 무엇일까'를 고민하기 시작한 것이다.

답변은 의외로 쉽게 나왔다. 어린 시절부터 글짓기에 재능을 보였던 나는 크고 작은 작문 대회에서의 수상 경험을 내세워 글을 쓰기로 마음을 먹었다. 물론 현실 속에서 꿈을 짊어지기 위해 '작사가'가 되겠다는 목표를 세운 건 사실이다. 좋아하는 음악과 나의 재능인 글쓰기의 접점으로서 작사는 그 자체로 충분히 매력적인 대안을 넘어서 소명의식까지 피어날 만큼 강렬하게 내 삶을 관통했다.

하지만 인생이 계획대로 될 수만은 없는 법. 그 무렵 인생의 첫 실패를 맛봤다. 목표로 했던 대학 학과에 진학하지 못 한 것이다. 실력이었거나 노력이었거나, 문제는 '힘(力)의 부족'이었다. 결국 다른 학교의 다른 학과에 진학하긴 했지만, 여전히 그 꿈은 접지 않았다. 음악이 좋은 데 가능성이 낮다는 이유로 좌절하는 대신, 제법 비겁하게 보일지라도 우회를 택했다. 하지만 이제는 어느새 작사가라는 꿈이 지금은 내 인생의 목표에 일 순위가 되었다. 아직 그 꿈을 이루지는 못 했지만 여전히 꿈에 다가서기 위해 능력과 노력, 두 가지 힘을 키우고 있기에 부끄럽지 않다. 만일 이 글을 읽고 있는 10대 중 꿈과 현실의 온도차가 큰 이가 있다면 그 꿈과 자기 자신이 가장 가깝게 닿아있는 분야로 정진하라고 말해주고 싶다. 억지를 부려서 꿈을 해치는 일보다 우회로서 그 꿈에 다가가는 것이 더 현실적인 꿈의 실현이라는 점을 염두 하길 바란다. 그런 의미에서 나의 습작품 중 하나를 소개하겠다.

10대를 향한 위로 한 마디 "힘내...지마"

제목 : 부화

a1

또 하루를 버텨내기가

또 눈물을 견뎌내기가

난 왜 힘이 들었던 걸까

아직도 어린 맘에 남은 투정이었나

a2

고된 삶이 내겐 무거워

눈을 뜨기 조차 무서워

난 왜 이토록 부족한가

이렇게 난 어디로 어디로 흘러가는지

c

걸음마를 시작한 아이처럼

어미새를 잃어버린 새처럼

혼자서 해낼 수 있는 게 없다는 게

비좁은 가슴에 빈 두 손에 두려움만 가득해

오늘도 숨찬 하루 보내네

a2

난 눈물이 너무 많아서

난 겁도 너무나 많아서

왜 나만 이토록 작을까

이런데 난 어떻게 어떻게 살아갈런지

c

걸음마를 시작한 아이처럼

어미새를 잃어버린 새처럼

혼자서 해낼 수 있는 게 없다는 게

비좁은 가슴에 빈 두 손에 두려움만 가득해

오늘도 숨찬 하루 보내네

d

주위를 둘러봐도 전부 잘 해내고 있는데

세상 모든 게 쉽게만 보이는데

왜 항상 나만 모든 게 서툴고 어려울까

난 아직도 멀었나봐 그래도 가야겠지

하늘로 날아오를 그 날을 위해

c′

이제서야 뛰기로 맘을 먹고

이제서야 저 하늘을 꿈꾸고

혼자서 해내야 한단 걸 잘 알지만

아직도 무섭고 또 조급한 생각만 가득해

내일은 벅찰 하룰 그리며

딱 하루 오늘까지만 울래

  다시 본론으로 돌아오자면, 사람은 -적어도 내 경험 상으론- 한 가지에만 매진하긴 힘들다. 나는 음악을 사랑했지만 그 못지않게 열광했던 분야가 있었다. 그건 바로 축구였다. 선수도 아니었고 선수로서 길을 걸어가기엔 능력도 부족하고, 시기도 늦었던 중학교 시절, 나는 음악을 들으며 축구를 봤다. 친구들과 아마추어 팀을 만들어 수많은 경기들을 할 적에도 단순한 취미로서의 축구가 아니라 내 삶의 일부라는 마음을 간직한 것이다.

  그렇다고 해서 당장 축구 선수가 될 수도 없고 그것을 쫓아만 가는 인생이 행복할리도 만무했다. 그래서 선택한 것이 역시 '글로 쓰는 축구'였다. 친구들과 함께 했던 아마추어 축구 클럽의 주장으로서 인터넷 상에 블로그를 만들어 매 경기 리포트를 작성하고 실제 축구에 대한 평론들을 적었다. 간간히 축구커뮤니티에도 내 축구를 쓰곤 했다. 그러던 중 한 축구 사이트로부터 연락이 왔다. 칼럼니스트로 활동해 볼 생각이 있냐는 물음이었다. 중학생이 축구 칼럼니스트가 되는 경우는 지금도 흔치 않다. 당시에도 파격적이었기에 '국내 최연소 해외 축구 칼럼니스트' 활동이 그리 오래가지는 않았다.

하지만 대학교를 입학하고 군입대를 앞둔 시점에 다시 한 번 '무한도전'을 시작했다. 자발적으로 다양한 축구 칼럼을 작성해 다양한 축구 전문 사이트에 글을 기고한 것이다. 결국 기회를 잡아 몇몇 사이트에서 정식으로 활동을 했고 제대 이후에도 해외 축구전문 네트워크 사이트에서 일할 수 있었다. 국내 최대 포털 사이트에 내 이름만 검색해도 내가 작성한 기사를 볼 수 있고, 해외 축구 탭을 열면 나의 기사가 메인을 장식하는, 꿈꾸던 해외 축구 전문 기자가 현실이 된 것이다. 물론 생업을 목표로 한 것이 아니었기에 대학 졸업을 앞두고 일을 그만 두기는 했으나 여전히 축구에 대한 갈증이 날 적마다 칼럼을 작성하는 일이 낯설지 않다. 축구가 좋다고 해서 모두가 선수가 될 필요는 없다. 내가 직접 할 수 없다면, '우회'가 있다. 그렇게 해외축구 전문인이 되겠다고 매진했던 노력이 결실을 맺은 셈이다.

나는 대학시절에도 도전을 멈추지 않았다. 사회복지학을 전공했던 나는 졸업을 앞둔 4학년 시점까지 학업에 열중하지 않았다. 해외축구 전문 기자 일을 병행했던 부분도 애꿎은 변명이 될 수 있겠지만, 정작 공부를 하지 않았던 이유는 따로 있었다. 바로 그건 '도전의 갈증' 때문이었다. 무언가 재밌고 새로운 일을 하지 않고는 청춘이 빛날 수 없다고 믿었다. 그 믿음으로 학과 학술제 행사와 지역 정신보건센터와의 연계를 통해 '무대에 서는' 경험을 하게 되었다.

　연극과 뮤지컬. 내 삶에 찾아오기는커녕 스쳐지나가지도 않을 것 같았던 분야에 도전하게 된 것이다. 대본을 쓰고, 캐스팅을 하고 직접 주인공으로 무대에 서면서 세 번 작품을 했다. 개인적으로 세 번의 무대를 30년도 더 기억될 감동으로 가슴 깊이 물들였다. 적어도 내게는 그 작은 무대가 세상 어떤 화려한 무대보다도 더 값지고 아름다운 장면이었으니까. 언젠가 음악을 꿈꿀 때, 무대에 서는 상상을 해본 적은 있었다. 그것을 직접 이룬다고 생각하니 벅찬 마음을 이루 표현할 수 없었다.

　물론 쉽지는 않았다. 안 해본 일을, 전문 분야가 아닌 일을 많은 사람들 앞에서 보여준다는 건 정말 어려운 일이다. 연습하는 과정에서 '피를 토하는 노력'을 가중시켰다. 실제로 위궤양에 걸리기도 했고 입안이 다 헐고 이가 부러질 정도로 고통스러운 과정이 있었다. 하지만 행복했다. 전부터 이루려던 꿈은 아니었지만 새로운 동기부여였다. 또 700여 명이 넘는 신입생들 앞에서 홀로 행사를 진행했던 경험도 있었고 부족한 실력임에도 학교 축제의 노래 자랑에 나간 적도 있다. 매번 처음이었지만, 처음이기에 느낄 수 있던 모든 긍정적인 감정들만 기억에 새긴 채 멀어져간 값진 추억이었다.

이 같은 도전을 통해 내가 얻은 것은 무엇일까. 무언가를 이루었다는 희열? 수많은 사람들 앞에 나섰다는 흥분? 아니면 또 다른 나를 마주했다는 기쁨? 사실 어떤 말로 명명하든 관계없다. 중요한 건 10대 시절에도 수많은 도전을 시도해야 한다는 점이다. 음식을 앞에 둔 굶주린 짐승처럼 10대가 되었을 때 시시때때로 쏟아지는 혈기 왕성한 에너지를 도전이라는 건강한 목표로 해소하길 바란다.

현실을 보면, 우리가 학교 다닐 적에는 공부하는 일에 제일 많은 시간을 투자한다. 전 세계 어느 나라도 이처럼 학습에 많은 시간을 할애하는 곳이 없다. 그럼에도 우리 모두가 꿈을 이루고 사는 건 아니다. 지극히 좁은 시야로 봤을 때, 학교 공부라는 것 자체는 투자 대비 성과가 초라한 경우가 허다하다. 그렇다면 남는 것이 무얼까. 공부를 통해 무언가를 이룬다는 것도 상당히 매력적인 인생이다. 어쩌면 사람들이 꿈꾸는 성공에 가장 빠르고

10대를 향한 위로 한 마디 "힘내...지마"

가깝게 다가설 수 있는 '지름길'일지도 모른다. 하지만 많은 시간을 할애해도 성과를 얻지 못한다면 어떨까. 그건 실로 안타까운 일이 아닐 수 없다. 그래서 도전해야 한다. 10대의 도전이 책상 앞에서만 이루어져야 한다고 생각하면 오산이다. 자신의 자리를 박차고 나가 다양하고, 때로는 무모하게 도전해야 성장할 수 있다. 내가 다시 돌아갈 곳을 만들어 놓기 위해 적당히 노력해서는 무엇도 얻을 수 없다. 매순간 자신에게 주어진 도전의 과제를 최선을 다해 풀고자 한다면, 당신은 자신만의 무기를 얻게 될 것이고 그 무기로 꿈에 당도할 때 겪어야 할 전쟁에서 승리를 거둘 수 있을 것이다.

이렇듯 나 또한 무한도전 정신으로 많은 일들을 도전해왔고, 성공과 실패로만 규정지을 수 없는 값진 성과들을 얻어왔다. 때론 정면으로 부딪쳐보기도 했고 때로는 우회를 선택하면서도 꿈에 가까워지기 위한 노력을 멈추지 않았다. 이를 통해 말하고자 하는 건 우회의 도전을 비웃지 말자는 것이다. 어떤 경우든 방법은 있다. 그 방법을 찾는 건 오롯이 본인의 몫이기에 자신이 걷는 길이 탄탄하고 올곧은 길이 아니더라도 후회하지 않고 정진해야 한다.

사실 우리는 살면서 원하는 것에 목을 매곤 한다. 꿈도 마찬가지다. 자신이 이루고자 하는 것 앞에서는 냉정하기가 힘들다. 내가 다다르기 어려운 목표라도 이를 인정하기 어려워서 많은 어려움과 좌절들이 수반되어야만 비로소 현실을 직시하기 마련이다. 내 경험으로 미루어보자면, 헛된 미련을 조금만 버리면 세상은 날 향해 웃고 있더라. 누구나 같은 길을 갈 순 없다. 내 길이 아닐 때, 포기하는 것도 길이다. 하지만 그 포기가 방법의 포기지 꿈의 포기는 아니라고 자신한다. 가는 길이 조금 달라도 골인 지점이 같으면 된다. 돌고 돌아가다가 때로는 새로운 길이 보이면 그 길을 선택하는 것도 결코 비겁하지 않은 자신의 선택이라 믿는다. 당신이 10대라면, 글자 그대로 '아직 갈 길이 멀다.' 겁내지 말고 선택을 하여라. 그리고 믿어라. 꿈으로 가는 길에 누군가의 발자취는 있어도 정답은 없다.

우리는 여전히 폭력적이다

최근 우리 시대의 화두는 '힐링'이다. 웃음이 목적인 예능 프로그램마저도 치유를 목적으로 기획하고 있다. 그만큼 아픈 시대를 살아가고 있는 게 사실이다. 물론 누구의 잘못도 아니다. 하지만 아프다. 베스트셀러가 된 책의 제목도 '아프니까 청춘이다'. 개인적으로 이 말 자체도 굉장히 폭력적이라고 생각한다. 책 자체를 부정하고자 함은 아니니

10대를 향한 위로 한 마디 "힘내...지마"

오해는 없길 바란다.

그럼에도 불구하고 아프니까 청춘이라는 말에 불편함을 느끼는 이유는 이 말이 어른들의 핑계로 느껴지기 때문이다. 나 역시 이제는 사회를 구성하는 어른이 되어 있지만, 10대, 청춘들에게 '당연히 그 시기는 아픈 거야.'라고 말하고 싶지는 않다. 어른이 아이들의 울타리기 되어주지 못하고 있는 시점에서 아이들에게 무조건적으로 아픈 현실을 이해하고 받아들이기를 강요한다면 세상은 계속해서 아픈 삶의 연속뿐일 것이다. 또한 '그 시기는 아프지만 어쩔 수 없으니 견뎌내야 한다.'는 어설픈 위로도 10대에게 도움이 되지 않는다.

청춘을, 아픔의 계절로만 치부해선 안 된다. 무더위가 기승을 부리는 한 여름날에도 가끔 시원한 소나기가 내리고, 추운 겨울날에도 따뜻한 손난로가 있어 행복하다. 결국 아프니까 견뎌야 하는 게 아니고 아픔에도 불구하고 이겨낼 만한 값진 행복들이 있기에 감히 그 고통 속을 정진하라는 말을 해주고 싶다. 세상은 아프기만 한 현실의 연속이라고 말을 한다면 어느 누가 꿈을 꾸고 살 수 있겠는가. 아픔에도 불구하고 도전해야 할, 계속 걸어가야만 하는 이유를 설명해주고 싶다. 단순히 성과에 대한 이야기가 아니라 과정의 기쁨을 공유하고 싶다.

무언가를 이루고자 할 때, 현실 속에서 어지러움을 호소할 때 그 때마다 어쩔 수 없이 아파야 하는 게 아니라 그 안에서도 웃을 수 있는, 작지만 강한 행복을 느껴보길 바란다. 소소하게 반복되는 일상이라 그 안락함을 잊고 살다가도 인생의 큰 위기나 고통이 닥쳐오면 그 소소함이 절실해진다. 마찬가지로 자신의 꿈을 향해 걸어갈 때 어려움이 있더라도 꿈을 이루는 과정 안에서 자신이 행복해 질 수 있는 행위를 찾아 나서야 한다. 아픔에 익숙해지면 안 된다. 고통이 수반되는 것을 당연하게 여기면 안 된다. 우리는 아프지 않고도 행복해질 수 있다. 그건 가치의 문제지 당연히 귀결되어야만 하는 과정이 아니다.

 나는 육군으로 병역의 의무를 마쳤다. 당연히 주변에도 많은 친구들이 군대를 다녀왔다. 저마다의 사연이 있고 환경이 달랐지만, 어떤 이는 군 생활을 '해볼 만한 일이었고 지금은 추억'이 된 시간으로 기억하는가 하면 또 다른 이는 '지옥 같은 나날들'이었다며 말끝을 흐린다. 우리가 어린 시절부터 어려움을 겪을 때마다 잊지 말아야 할 것이 바로 과정이 차지하는 비중이 높은 만큼 그 안에서도 '결과물'을 뛰어 넘을 만한 행복을 찾으며 즐겨야 한다는 점이다. 2년 남짓한 군 생활을 표현하는 모습도 저마다 다른 것처럼 어려움과 고통도 어떤 마음가짐으로, 또 얼마나 넓은 시야로 받아 들이냐에 따라서 고통뿐인 기억이 되거나 고통과 행복이 오르락내리락 반복된 추억이 되기도 한다. 산을 오를

10대를 향한 위로 한 마디 "힘내...지마"

때 정상을 올라가는 고통만 보지 말고 골짜기를 지날 때의 작은 행복을 인정하길 바란다.

　누구나 꿈을 이루는 과정은 초라하기 그지없다. 하지만 그 안에서 반짝이는 진짜 행복을 누리고 살아야 한다. 분명히 존재한다. 청춘의 삶이 고난의 연속이라고 말하는 건, 자신의 삶에 도사리고 있는 행복의 얼굴을 지기 자신 조차 찾지 못해서다. 그걸 도와주는 게 어른의 역할이라고 생각한다. 거울 없이는 자신의 모습을 볼 수 없는 것처럼 인생의 선배들은 청춘이라는 거울을 보며, 자신의 과거를 마주한다. 그렇기에 지금 이 글을 보고 있는 청춘들은 인생의 선배들에게 물어봐라. 성공과 실패라는 결과가 아닌 과정에서 느꼈던 '소소한 행복'에 귀 기울여라. 진정한 행복은 성공이 아니라 과정에 있다.

　아프니까 청춘이다. 내가 스스로 '폭력적'이라는 표현으로 부정한 이 말을 들여다보면 지난해의 한숨도 떠오른다. 지난해 12월. 한 해의 끝자락에 선 어른들은 들뜬 마음을 감추지 못하고 거리로, 바다로, 산으로, 그리고 유흥가로 몰렸다. 신문을 보면 학생들의 자살 소식이 주요 기사라 할지라도 다른 면에는 한 해 동안 '수고'한 한류 스타, 전 영부인의 방북 조문 등 다른 기사가 더 많은 지면을 차지하고 있다.

　나의 일이 아니라서. 우리아이의 일이 아니라. 외면해도 될 만큼 작은 일이라, 세상을 바꿀만한 주요 '사건'이 아니라. 그렇게 우매한 발상과 판단으로 어른들은 아이들의 비명조차 작은 신음으로 치부한 채 그들을 방치하고 있다. 그 아이들은 오늘도 큰 세상에 나가기도 전에 꿈을 향한 작은 날갯짓조차 못하고 거대한 고통 앞에서 몸부림치고 있다.

그래도 어른들은 모른다. 단지 지나가는 생채기로만, 그 또래 아이들이 응당 겪을 수 있는 성장통으로만 인식한 채 고개를 돌린다. 사치스러운 꿈을 꾸는 일만으로도 벅찬 10대의 일상에 거짓말 같은 일들이 벌어졌다.

그들에게 꿈을 꿀 수 있는 작은 울타리가 되어주는 게 어른들의 역할 아닌가. 그래, 스스로 반문해본다. 사회복지를 전공한 내가 자라나는 학생들에게 내가 가보지 못한, 떠밀리듯이 버리고 포기해야 했던 '진짜 꿈'들을 이룰 수 있게 도움을 주는 사람이 되자. 세상을 바꿀 수는 없겠지만 그들에게 세상을 바꿀 수 있는 용기를 주자. 그리고 희망을 보고 싶다. 하지만 핑계를 찾을 수밖에 없는 것이, 여전히 세상은 나조차도 두렵고 잔인하기만 하다.

대한민국이 영화와 책으로 나온 '도가니' 열풍으로 일렁이던 순간에도 "이 발정난 나라에서 어떻게 딸아이를 키울 수 있을까"라는 생각을 했고, 생각에 그쳤다. 그리고 지금 다시 어른들의

10대를 향한 위로 한 마디 "힘내...지마"

　무관심 속에서 왕따라는 괴롭힘 속에서 스스로 목숨을 끊는 아이들이 이슈가 되어도 내가 할 수 있는 일은 애석하게도 없다.
　괴롭힘을 참지 못해 자살을 하는 순간에도 열네 살 밖에 되지 않은 아이가 가족을 걱정하고, 더 이상 주변에 도움을 요청할 수 없음을 알게 된 학생이 자신의 집에서 뛰어내렸다. 그리고 남은 이들, 가해자라 불리는 아이들도 이 땅에서 제대로 된 보살핌을 받지 못한 '아이'들이다. 조직폭력배나 깡패가 아니더라도 사람을 죽일 수 있음을 그들은 자신들이 알고 있는 '어른들'에게 배우지 못한 것이다. 참 가엾다.
　20년도 채 살지 못한 핏덩이 같은 학생들이 스스로 제 목숨을 끊었다. 아니 끊고 있다. 비단 한 두 학생들만의 일이 아니라는 것을 알기에 묵과할 수 없다. 그래서 아프니까 청춘이라는 말을 난 못 믿겠다.
　또 한 가지 폭력적인 '어른말'을 소개하자면 '이 또한 지나가리라'라는 표현에 대해 말하고 싶다. 물론 시간이 흐르면 어떤 고통도 아픈 기억도 그저 '지난 일'일 뿐이다. 참 쉽게 말할 수 있다. 하지만 그렇다고 해서 힘들지 않았다고는 결코 단언할 수 없으리라. '지나고 나면'이란 말은 다르게 보면 '지나야만' 일 수 있다. 견디고 참고, 혹은 아무것도 하지 못 한 채 있는 고통 그 자체를 받아들여야만 '지난 것'이 되는 것이다.

모든 게 지나고 나면 아무것도 아닌 일처럼 가벼워지지만 지나는 동안의 고통은 거대한 물체가 온 몸을 뭉개고 지나가는 듯 한 아픔이 수반된다. 그런 걸 보면 인생 자체도 하나의 커다란 '지나감'이 아닐까. 그래서인지 청소년기를 훌쩍 지나버린 나 자신도 아직까지 지나야 할 고통이 많을 것이고 지금 이 순간마저도 작은 생채기 속에 하루를 보낸다. 그래 그렇게 하루하루 지나가는 게 인생이런다.

지금 이 순간, 고통이 지나가는 시점에 직면한 청소년들이라면 이 이야기들이 단지 '어른들의 언어'로만 들릴 수도 있겠다. 누구나 자신의 경험을 이야기해주지만 그것을 받아들이는 사람 입장에서는 완벽하게 신뢰하고 따를 수만은 없는 노릇이다. 그렇기 때문에 윤리 교과서에서나 나올 법한 '이 또한 지나가리라'라고 하는 말들을 직접적으로 어려움을 겪고 있는 청소년들에게 해준다고 해서 자신들이 처해있는 문제를 해결해줄 수는 없을 것이다. 행여 어른들을 믿지 못하고 어른들에 의해 상처받는 아이들이 있다면 더욱 이런 '숙성된 언어'를 통해 깨달음이나 위로를 얻진 못하기 마련이다.

그래서 나는 말한다. 지나감의 고통을 무시하지 말자. 지나감의 고통에 처한 청춘에게 필요한 건 힘내야 하는 동기부여를 주는 게 아니다. 지나갈 적에도 작은 행복을 찾아 보다 의미 있는 과

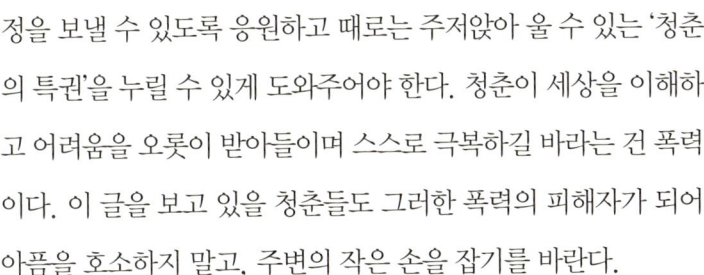

정을 보낼 수 있도록 응원하고 때로는 주저앉아 울 수 있는 '청춘의 특권'을 누릴 수 있게 도와주어야 한다. 청춘이 세상을 이해하고 어려움을 오롯이 받아들이며 스스로 극복하길 바라는 건 폭력이다. 이 글을 보고 있을 청춘들도 그러한 폭력의 피해자가 되어 아픔을 호소하지 말고, 주변의 작은 손을 잡기를 바란다.

안전한 무대는 없다

모든 게 갖추어진 무대에 설 때와 완전하지 않은 무대에 설 때는 분명 다르다. 내가 대학시절 연극을 할 적에도 완벽한 프로들의 도움을 받아 무대 설치, 음향, 조명 등을 꾸린 무대에 서면 자신감도 배가 되고 안정감이 쌓여 더 좋은 연기를 할 수 있었다. 반대로 학생들(아마추어)의 힘만으로 올린 무대에 서면 불안감도 크고 아쉬움이 남아 연기에 집중하기가 힘들었다. 하지만 내가 프로가 되지 못 한 상태에서 안전한 무대를 요구할 수는 없었다.

우리가 꿈을 꿀 때도 마찬가지다. 안전한 무대에서 한 발 두 발 꿈을 키워나갈 수 있다면 금상첨화지만 아무것도 정해지지 않은 10대 시절에 꿈의 무대가 완성될 수는 없다. 이건 지극히 현실적인 이야기다. 자신이 목표로 하고 있는 꿈을 꾸고 정진할 적에 도움을 받을 수 있는 부분은 분명히 받아야 한다. 스스로 완벽하고 안전한 무대를 꾸밀 순 없다. 도움을 주는 쪽은 부모님이나 선생님과 같은 어른일 가능성이 높다. 이들을 설득해야 한다.

물론 설득의 최우선은 자기 자신이다. 본인이 하고 싶은 분야가 있고 그것을 정진하기로 마음을 먹을 때 딱 100번만 자신에게 물어보자. 그 중 90번 이상이 YES!라는 대답이 나온다면 자신을 설득하는 데 성공한 것이다. 그렇다면 바로 어른들을 설득해야 한다. 진심으로 하고자 하는 일에 대해 설명하자. 분명 반대가 있을 수도 있고 훨씬 더 많은 현실을 경험한 이들은 안전감이 부족한 당신의 꿈을 무시할 수밖에 없을 지도 모른다. 그래도 벽을 만들면 안 된다. 서로가 확고한 믿음이 설 때까지 조율하며 대화를 지속해라. 우리가 궁극적으로 그들에게 원하는 건 꿈을 대신 이루어주는 게 아니라 꿈을 꿀 수 있는 환경을 만들어 주는 데 있다. 그렇기에 자신이 목표에 집중할 수 있는 환경을 만들기 위해서는 그것에 도움을 줄 수 있는 이들과 끊임없는 대화를 하는 게 필수적이다.

결국 누구에게나 처음부터 완벽하고 안전한 무대는 없다. 그렇기에 무대를 만들어가는 것조차 꿈을 향해 달리는 일부라고 생각해야 한다. 때론 불같은 반항심이 끓어올라서 "왜 나만 환

10대를 향한 위로 한 마디 "힘내...지마"

경이 이럴까"하고 화가 나기도 하고 원망도 고개를 들 것이다. 하지만 그럴 적마다 다짐하자. 나뿐만 아니라 수많은 친구들이 '안전한 무대'에 서 있는 건 아니라고. 꿈을 이루는 건 본인 몫이다. 그리고 그 과정을 채우는 것도 자신의 몫이다. 본인이 꿈을 이루기 위해 얼마만큼 환경을 만들었는지에 대한 책임을 져야지 환경 탓으로 핑계를 대서는 안 된다. 불가능과 가능이라는 이분법만 존재한다면 분명 없던 무대를 만드는 일은 불가능에 가까울 수도 있지만 그 기준의 추를 움직이는 것 또한 도전의 첫걸음이자 가장 중요한 '기본'이기 때문이다. 우리가 배에 탑승 했는데, 모터가 없다는 이유로 노를 젓지도 않고 불평만 하는 청춘은 바다 속에서 표류하다 사라지고 말 것이다.

드리밍 리얼리스트

언제나 가슴 속에 불가능한 꿈을 꾸면서도 현실을 직시하며 살아가는 '드리밍 리얼리스트'. 이것이 내가 꿈꾸는 삶의 철학이다. 꿈은 나이로 꾸는 게 아니고, 현실은 핑계로만 치부할 수 있는 성질의 것이 아니다. 언제나 어떤 상황에서나 꿈을 버리지 않아야 숨을 쉴 수 있다고 생각한다. 삶의 빛이란 어쩌면 꿈이 있느냐 없느냐의 차이일지도 모른다. 그렇기에 언제나 이성적으로는 불가능하다고 생각되는 꿈을 가슴에 품고 언젠가는 이루고자하는 마음을 갖거나 혹은 그 꿈을 간직하고 노력하는 것만으로도 행복하다면 그러한 일상을 영위하면 되지 않을까. 동시에 현실을 살아가야 하기에, 환상 속에서만 존재할 수는 없기에 '먹고 사는' 기본적인 문제부터 삶의 많은 치부들을 마주하고 이겨내고 또 때론 눈물도 훔치며 살아가야 한다.

10대들만 꿈을 꾸어야 하는 건 아니다. 하지만 10대가 꿈을 꾸기 시작하기에 가장 적당한 시기인 것만은 자명하다. 그렇기에 10대는 보다 큰 꿈을 품을 수 있는 현실 속에서, 무한도전과 우회의 방법에 대해 인정하며 폭력적인 어른말 앞에서 무너지지 말고 안전하지 못한 무대에서도 꿈을 꾸며 사는 리얼리스트가 되길 바란다. 그리고 또 한 가지, 궁극적으로 내가 하고 싶은 말은 꿈을 꾸고 도전하는 10대들에게 이따금씩 찾아오는 고통의 시간 속에서 혼자 좌절하거나 스스로 힘내려고 하지 않았으면 한다. 때로는 그대들이 가는 길이 어렵고 힘들 때 나의 이 습작을 읽어주길 바란다.

10대를 향한 위로 한 마디 "힘내...지마"

힘내...지마

A
오늘도 네 발걸음이 휘청거리고
미소 띈 얼굴조차 지쳐보여

도대체 얼마나 힘이 들었던 거니
그럴 땐 잠시 쉬어가도 돼

B
네 맘이 풀릴 만큼 울어도 괜찮아
힘내지 않아도 좋아

세상에 지치고 힘이 들 땐
아무도 모르게 나의 품에 안겨서 울어 볼래
내 가슴 빌려줄테니

A′
때로는 세상이 왜이리 두려운 지
때로는 왜 내게만 아픔인지

지금껏 한숨지으며 참아왔잖아
그럴 땐 잠시 내려놔도 돼

B′
네 맘이 풀릴 만큼 울어도 괜찮아

힘내지 않아도 좋아

세상이 모질고 잔인해도
네 마음을 아는 나의 품에 기대어 울어 볼래

네 눈물 닦아줄테니

C
때론 거친 파도가
매서운 비바람이
작은 네 어깨를 흔들어도
혼자서 참고 견디려 하지마

B′ +Ending
가끔은 넘어지고 또 어떤 날에는
행복이 찾아오잖아

그게 삶이니까 언제라도
힘들면 기대고 눈물이 나면 모두 흘려버려

내일은 내일에 두고
괜찮아 힘내지 않아도

내 가슴에 귀 기울여 | **일곱 번째 이야기**

나의 존재,
나의 가치를 발견하라

나의 존재, 나의 가치를 발견하라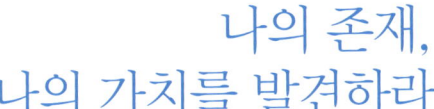

나의 존재, 나의 가치를 발견하라

내가 직장인이었을 적에, 나는 그저 회사의 리모컨처럼 살았다. 회사에서 조종하는 대로 움직이는 리모컨 말이다. 그때 나는 회사를 위해 전체에서 1등으로 출근한 적도 여러 번 있었을 정도로 열심히 직장생활을 했으며 무려 한 달간을 집에 들어가지도 않고 회사에서 잠을 자고 일할 정도로 충성을 다했다. 그럼에도 나는 직장인으로서의 나에 대해 별로 자긍심이 없었으며 그저 다람쥐 쳇바퀴처럼 사는 삶의 굴레에서 조금도 벗어나지 못했었다. 오히려 그런 직장생활이 이어지면서 언뜻언뜻 '공허'와 '불안'이 조금씩 커져만 갔다.

'이렇게 사는 게 맞는 것일까.'

늘 이 질문은 나의 뇌리를 떠나지 않았다. 내가 이런 생각을 하게 된 것은 아마도 시간이 흘러갈수록 더욱더 텅 비어 가는 듯

한 내 가슴속 공허 때문이었을 것이다.

내가 13년을 근무했던 곳은 출판사 중에서도 꽤 이름난 대형 출판사였다. 이곳은 주로 교과서와 참고서를 만드는 곳이었으므로 나는 인쇄된 글자와 그리고 여러 수식 -과학 교과서와 참고서를 만드는 일을 했으므로- 과 씨름하는 하루하루를 보내야 했다. 거기에 특별히 다른 대기업에서 요구하는 것과 같은 부류의 자기계발은 필요조차 없었다. 그저, 회사에서 요구하는 편집기획, 교정기술만 익히면 그만이었다. 그러다 보니 나는 점점 자기계발에 소홀하게 되었고 그저 회사에 모든 것을 맡긴 채 하루하루를 연명할 수밖에 없었다. 이런 하루하루가 1년이 되고 3년이 되고 10년이 넘어가니 사람이 멍해지고 머리가 텅 비어 갈 수밖에 없는 것은 당연한 일이었다.

인간은 멍한 상태로 하루를 살아가는 존재가 아니다. 뭔가를 생각하고 느끼고 창조해 낼 때 비로소 인간다움을 느끼는 존재이다. 그런데 멍한 상태로 하루를, 아니 1년, 10년을 살아간다고 생각하니 그것은 고통이요, 생지옥이 아닐 수 없었다. 차라리 동물이라면 모를까.

내가 이렇게 혼란스러워하던 어느 날, 한 친구가 나를 찾아왔다. 출판사는 임금 등 환경이 열악하기 때문에 이직률이 상당히 높은 편인데, 이 친구 역시 임금을 더 많이 준다는 경쟁회사

나의 존재, 나의 가치를 발견하라

로 이직한 출판사 입사동기였다. 나는 혹시나 친구가 나에게 스카우트의 유혹을 던지려는 게 아닐까 하는 부푼 기대감으로 그 친구와 마주앉았다. 그런데 그 친구가 내 앞에서 꺼낸 이야기는 허망하게도 당시 다단계로 그리 이미지가 좋지 않았던 '암××'에 관한 것이었다. 그는 나를 '암××'로 끌어들이기 위해 찾아온 것이었다. 만약 평상시의 나였다면 절대 그의 부탁을 들어주지 않았을 것이다. 그러나 당시 30대 후반을 향해 치닫고 있었던 나는 갈수록 텅 비어가는 내 머리 문제를 어떻게든 해결해야 하는 상황이었다. 그러지 않으면 미칠 것 같았으므로 나는 덥석 친구의 제안을 들어주기로 했다.

얼마 후 친구와 함께 암××를 하는 사람이라며 정장차림의 사내가 나를 찾아왔다. 의외로 인상이 좋고 수더분한 느낌의 사람이었다. 그런데 그때 나는 이 사람 때문에 내 인생이 바뀔 줄은 꿈에도 몰랐다. 그가 도대체 무슨 말을 했기에 내 인생이 바뀐단 말일까. 무슨 돈벼락 맞는 이야기라도 들었단 말인가. 그날, 그는 나에게 돈 버는 이야기를 했다. 무슨 문어 다리 뻗어 나가는 그림을 막 그려가면서 합리적이자 과학적으로 돈을 버는 방법에 대해 열정적으로 이야기했다. 하지만 내 귀에 더 깊이 들어온 것은 '돈' 이야기가 아니라 '꿈' 이야기였다.

"당신의 꿈은 무엇입니까?"

그의 이 질문에, 나는 그렇지 않아도 텅 빈 머리가 더 텅 빈 듯한 느낌 속으로 빠져들었다. 꿈, 꿈이라니. 나로서는 한 번도 생각해 보지 못한 주제가 아닐 수 없었다. 매일 밤 그토록 꿈을 꿔댔지만 이 사람이 지금 이야기하는 것은 그런 개꿈이 아니라 진짜 내 꿈을 이야기하는 거였다.

'도대체 내 꿈이 무엇이었더라.'

나는 결국 내 꿈이 무엇인지 대답조차 못한 채 그 시간을 넘기고 말았다. 생각해 보니, 나는 지난 38년간을 꿈 없이 살아왔다는 느낌이 강하게 일었다. 아니, 스스로 자위하자면 그저 직장생활 안정되게 하면서 보통사람처럼 평범하게 사는 게 내 꿈이라고 말한 적이 있었던 것 같기도 하다. 하지만 과연 그것을 꿈이라고 말할 수 있을까.

나는 마치 자석에 이끌리는 쇠붙이처럼 친구를 따라 암××모임에 나가기 시작했고, 그곳에서 매주 꿈 강의를 들었다. 때는 이미 달력의 마지막 장을 남겨두고 있던 12월이었다. 그리고 크리스마스이브! 그날은 정말 나에게 결코 잊을 수 없는 날이었다. 나에게 기적이 찾아온 날이었으므로. 그날 모임에서는 크리스마스 파티를 했다. 단출하게 뷔페식으로 음식을 차려 먹는 정도의 파티였다. 분위기가 무르익을 무렵 모임의 리더는 갑자기 조명을 끄고 촛불을 켜더니 센티멘털 분위기를 만들어냈다. 그리

나의 존재, 나의 가치를 발견하라

고 감미로운 배경음악을 틀고 참석자들에게 백지를 한 장씩 나눠주는가 싶더니 거기에 자신의 꿈을 쓰라 했다. 나는 그 백지에 무엇을 채워야 하나 고민하지 않을 수 없었다. 내가 그렇게 고민하고 있는 사이 한 사람씩 자신의 촛불을 들고 나와 자신의 꿈을 이야기하기 시작했다.

"저는 자동차굉이에요. 하지만 그놈의 돈이 원수라, 늘 꿈만 꾸죠. 하지만 두고 보세요. 멋지게 이 사업으로 성공해서 꼭 내가 타고 싶은 포르쉐를 타고 말 겁니다."

"저는 그저 돈 걱정 안 하고 사는 게 꿈이에요. 이 사업을 잘해서 돈 많이 벌어 세계여행 다니며 살고 싶어요."

그렇게 시간이 흐르고 있을 때 어느덧 내 차례가 되었다. 그때까지 나는 백지를 채우지 못하고 있었다. 나는 가슴을 졸이며 귀까지 벌게진 채 내 촛불을 들고 앞으로 뚜벅뚜벅 걸어나갔다. 내가 앞에 섰을 때 내 눈에는 그저 어둠 속에서 반짝거리는 촛불들만 보였다. 사람들의 얼굴은 잘 보이지 않았다. 나는 그 촛불들의 배열을 보다가 그만 내 촛불을 떨어뜨릴 뻔했다. 정말 생각지도 못한 환상이, 생각지도 못한 내 꿈이 내 속에서 스멀스멀 기어 나왔기 때문이다. 내 꿈!

나에게도
꿈이 있었다

그래, 나에게도 꿈이 있었다. 중학교 시절 나는 무척이나 책을 좋아하던 소년이었다. 그래서 매일 학교 도서관에 다니며 닥치는 대로 책을 읽어댔다. 특히 소설을 좋아했다. 헤밍웨이, 톨스토이, 도스토옙스키… 그래, 분명히 기억이 떠오른다. 마치 영화를 보는 것처럼. 그때 그 시절 나는 헤밍웨이의 〈무기여 잘 있거라〉를 읽다가 나도 모르게 헤밍웨이 같은 소설가가 되고 싶다는 꿈을 꾸었었지. 가만히 생각해 보니 소설을 써보겠다고 습작을 끄적거린 기억도 떠오른다. 나아가 세상에서 가장 아름답고 순수한 사랑이야기도 써보겠다고 가슴을 부풀렸던 기억도 떠오른다. 그 시절, 그 꿈은 너무도 강렬했었다.

나는 사람들 앞에서 당당히 이야기했다. "나에게도 꿈이 있었다"고 바로 '작가가 되는 것이 꿈'이라고…… 사람들은 멋진 꿈이라며, 이 사업을 통해 그 꿈을 이루라고 격려의 말을 쏟아내었다.

이후로, 내 인생은 급격한 소용돌이 속으로 빠져들기 시작했다. 깊숙이 숨어 있을 때는 몰랐으나 한 번 모습을 드러낸 녀석은 나의 온몸을 휘감으며 나를 가만두지 않았기 때문이다. 나

나의 존재, 나의 가치를 발견하라

는 닥치는 대로 꿈에 관한 책들을 읽어대기 시작했다. 길을 걸을 때에도 계단을 오르내릴 때도 지하철을 탈 때도 그 꿈을 읽어대었다.

'아, 작가가 되고 싶다.'

어느덧 서른여덟이나 먹은 애 둘 딸린 남자의 입에서 독백이 흘러나오기 시작한 것이다. 그 후로 나는 어떻게 해야 작가가 될 수 있을까를 고민했다. 일개 출판사 직원이었던 내가 어떻게 작가가 될 수 있단 말인가. 그런데 내 속에서 한 번 흘러나온 꿈은 놀라운 힘을 발휘하기 시작했다. 그때부터 나는 무려 2년간이나 작가가 되기 위한 준비 작업에 돌입하였다. '닥치고 독서'를 계속했고 그동안 내가 해왔던 학습물 책이 아닌 단행본을 내는 각 출판사의 외주 일에도 응모했다. 작가가 되려면 먼저 단행본 일부터 배우는 것이 순서라 생각했기 때문이었다. 하지만 무려 몇 달간이나 단행본 출판사 외주 일에 거의 매일 응모했으나 단 한 군데에서도 연락이 오지 않았다. 사실 이는 당연한 일이었다. 비록 당시 출판경력이 11년이었으나 내가 일했던 출판사는 학습출판사로 단행본 출판사와는 완전히 별개의 분야라 할 수 있었고 나의 단행본 쪽 경력은 그야말로 제로였기 때문이었다. 그렇게 꿈을 파고든 지 반년이나 지났을까, 드디어 한 군데에서 연락이 왔다. 그때 나는 단행본 책을 만드는 공정 중 가장 기초이자 밑

바닥 일을 맡았지만, 나는 너무도 감사하게 그 일을 했다. 그렇게 나의 투잡 시대가 펼쳐지기 시작했다. 낮에는 직장에서 일하고 밤과 새벽에는 내 꿈을 위한 일을 했던 것이다.

사실, 나는 그전까지 절대 아침형 인간이 아니었다. 하지만 꿈은 습관마저 바꿔놓는 것인가 보다. 직장을 다니면서 직장 외의 일을 하기에는 새벽 시간 활용이 그야말로 필수라 생각했으므로, 나는 무슨 일이 있더라도 아침형으로 체질을 바꿔놓아야 했다. 나는 고통 속에 3개월을 연습했고 결국 언제 자더라도 새벽 4시면 벌떡 일어나는 생체리듬으로 바꿔놓고야 말았다.

그렇게 단행본 일 배우기를 2년여, 드디어 나에게 절호의 기회가 찾아왔다. 무려 4군데에서 동시에 작가 일을 해달라는 제안이 들어온 것이다. -물론 한 군데는 보조 작가 일이었지만- 그것은 지금 생각해도 정말 신기한 일이 아닐 수 없었다. 이제 단행본 편집 일을 조금 경험하긴 했지만, 작가 쪽 경력은 전혀 없는데도 나에게 이런 일이 생기다니. 이건 그야말로 신이 주신 기회가 아닐 수 없었다. 이때 나는 13년간 다녔던 직장을 그만둬야겠다고 생각했다. 인생의 승부를 걸어야 할 순간이라 판단되었기 때문이다. 당시 나는 직장에서 중간 허리 역할을 하며 중요한 일을 맡고 있었기에 직장을 그만두기도 쉽지 않은 상태였다. 무엇보다 가정적으로도 아내와 두 아이를 가진 가장이라는 책

무감 때문에라도 직장을 그만두기란 쉽지 않았다. 만약 그만두고 나와서 일이 지속적으로 이어지지 않는다면……. 이런 생각에 이를 땐 절대 그만두지 않아야겠다는 마음이 나를 완전히 지배하기도 했었다. 하지만 꿈은 이러한 두려움마저 이겨내는 것인가 보다. 나는 결국 아내에게 나의 고민을 털어놓을 수밖에 없었고 아내는 나의 뜻을 존중해 주었다. 그때 우리 가정은 맞벌이를 하고 있었으므로 직장을 그만두는 것이 덜 부담스럽기도 했던 상황이기도 했다.

어쨌든 아내의 허락까지 얻은 나는 사표를 던지기 전에 아예 사무실을 구해버렸다. 그러자 직장에서도 더는 나를 붙잡지 못했다. 그렇게 나는 나이 사십에 13년간 몸 담았던 직장에서 나와 자유인으로 신분이 바뀌게 되었다. 물론 아직 작가의 꿈을 이룬 상태는 아니었지만…….

회사를 그만두고 겨우 몸 하나 의지할 수 있는 작은 사무실에 출근한 첫 날을 잊을 수가 없다. 어떻게든 비용을 줄이려고 얻은 반지하 한 평 반짜리 침침한 사무실이었다. 그곳에서 나는 나의 미래 꿈을 꾸면서 바다보다 넓은 포부를 펼쳤었다. 그런데 이게 웬일인가. 계약서까지 썼던 출판사 한 곳에서 연락이 왔다. 계약을 취소하겠다는 것이었다. 그리고 또 한 군데에서, 그리고 또 다른 한 군데에서 계약을 취소하겠다는 연락이 왔다. 이유는 나

한테도 있었고 출판사 사정인 경우도 있었다. 정말이지 하늘이 노래졌다. 그러나 마지막 남은 한 군데의 거래처가 남아 있었으므로 마지막 희망은 남아 있는 상황이었다.

나는 그 출판사의 신임을 얻었고 최선을 다해 일해 주었다. 거기서 열 권 이상의 책을 작업하면서 작가의 기초를 닦을 수 있었다. 그쪽과 일하면서 운 좋게도 다른 출판사와 연결되어 내 이름으로 된 단행본 책을 내는 기회를 얻기도 했었다.

비록 소설은 아니지만, 드디어 작가로 데뷔하게 된 것이다. 이때 나는 꿈을 이룬 것 이상으로 나의 존재가치를 발견하게 되었다. 그것은 정말 놀라운 일이 아닐 수 없었다.

이렇게 나는 단행본 일을 계속해 나가면서 서서히 창작 글을 쓰고 싶다는 욕구를 불태워가기 시작했다. 바로 동화나 소설, 내가 그토록 꿈꾸던 일 말이다. 하지만 동화나 소설을 쓰기에 내 실력이 턱없이 부족하다는 사실을 알게 되었다. 그래서 동화교실에 다니며 동화 공부를 했고 대학원 문예창작과에 진학하여 소설 공부를 했다. 일과 학업을 병행한다는 것이 쉽지 않았지만 그 극한의 피로는 나의 꿈이, 나의 가치가 모두 다 해결해 주었다.

2010년, 나의 핸드폰으로 놀라운 소식이 날아들었다. 내가 기독신춘문예 동화부문에 당선되었다는 것이다. 처음에 나는 믿을 수가 없어 재차 의심하며 확인하기를 거듭했을 정도로 흥분했었다. 사실 우리나라 작가계에는 실력자들이 너무도 많아 메이저급이 아니라 마이너급이더라도 동화나 소설이 당선된다는 것이 쉽지 않은 현실이었다. 그런데 동화에 입문한 지 2년 만에 당선 소식을 듣게 된 것이다. 직장을 그만둔다고 했을 때 그토록 걱정하시던 부모님도 이때만은 얼마나 기뻐하시던지… 아마도 그때 나는 처음으로 태어나 제대로 된 효도를 해보았던 것 같다.

이후로 나는 내 이름으로 된 몇 권의 단행본을 더 낼 수 있었고 비록 아직 메이저급 출판사는 아니더라도 몇몇 출판사에서 작가 소리를 들으며 재미있게 일하며 살 수 있게 되었다. 물론 멋진 동화작가나 소설가가 되겠다는 꿈은 아직도 진행 중이며 이를 향해 열심히 노력하고 있으면서 말이다.

지난날을
돌이켜 보며

돌이켜 보면, 회사를 그만둔 지 6년이나 지났다. 지난 6년 동안 나는 회사의 힘을 빌리지 않고 스스로 생계를 해결하면서 내 꿈을 차근차근 이루어가는 일을 해왔다. 무엇보다도 꿈에 그리던 작가가 될 수 있었다. 비록 아직은 무명작가지만 내가 그토록 꿈꾸던 소설책도, 동화책도 출판할 수 있었다. 그야말로 꿈같은 시간이라 하지 않을 수 없다. 이 모든 일이 가능했던 것은, 물론 운이 좋았던 것도 있지만 8년 전 내가 내 속의 진정한 가치를 발견하지 못하고 나의 꿈을 발견하지 못했다면 언감생심 꿈도 꾸지 못했을 일이다.

지금도 가끔 그 전에 다녔던 회사 사람들을 만나면 과거의 추억 속으로 빠져들곤 한다. '그래, 나도 그땐 저랬었지.' 하면서 말이다. 나에게 직장생활도 나름 재미있고 의미있는 시간이기도 했다. 하지만 지금 나보고 다시 직장생활을 하라면 마치 아득한 꿈처럼 느껴질 뿐이다. 다시 직장생활을 하기엔 너무 멀리 와 있는 느낌이랄까. 6년이란 세월은 참 짧다면 짧고 길다면 긴 세월이다. 지금 나의 라이프스타일과 직장생활은 너무도 다르기에 직장생활이 멀게 느껴지기도 할 것이다. 나는 틀에 갇힌 생활에서 벗어나 자유롭게 공원과 도서관을 오가며 때로는 좀 더 멀리 여행하며 구상하고 글 쓰며 일한다. 이런 습관의 유전자가 이미 지난 6년 동안 박혀버렸는데 갑자기 직장생활을 하라면 겁이 덜컥 날 수밖에 없는 것이다.

무엇보다 내가 다시 직장으로 돌아갈 수 없는 가장 큰 이유는 지금의 생활에 만족하고 있기 때문일 것이다. 물론 내가 지금의 생활에 만족하는 것이 경제적으로 만족하기 때문은 아니다. 아직은 무명작가 수준이기에 직장생활 할 때의 수입과 크게 차이

나의 존재, 나의 가치를 발견하라

나는 정도는 아니다. 그리고 지금 우리 가정은 아내가 직장을 그만두어 외벌이로 지탱하고 있기 때문에 오히려 그전보다 수입은 줄어든 상태이다. 하지만 그럼에도 지금 생활에 만족하는 것은, 경제적인 것이 절대 인간의 만족을 채워줄 수 없다는 사실을 깨달았기 때문이다. 경제적인 부분은, 조금 절제하면 되고 수입에 맞춰 살면 되고 또 아끼는 삶이 오히려 삶의 미덕과 의미를 더 채워준다는 사실을 알고 나면 문제가 되지 않는다. 물론 당장 아침을 해먹을 쌀이 없을 정도라면 이야기가 다르겠지만 말이다.

사람이 불혹의 나이에 다가서면 그런 경제적인 부분을 뛰어넘는 어떤 것이 찾아온다. 바로 삶의 의미적인 부분이다. 왜 사는지, 내 존재란 무엇인지, 남은 인생을 어떻게 살아야 할 것인지의 문제가 더 크게 찾아온다는 것이다. 물론 사람에 따라 그것이 경제적인 부분과 연관되어 있을 수도 있겠지만, 어쨌든 이 문제를 해결하지 못하면 불우한 인생 후반전을 맞을 수밖에 없다. 혹시 돈이 많은 상태에 놓일지라도 방황하며 살 수밖에 없다는 것이다. 그런 면에서 나에게는 인생의 의미적인 부분을 상당 부분 해결했다는 만족감이 있기에 행복하다. 내 속에 있던 진정한 나의 존재가치를 발견하고 지금 그 진정한 내가 하고 싶어 하는 일을 하며 살아가고 있는 것이다.

한 가지 후회가 되는 것은, 왜 내가 조금 더 일찍 이 사실을 몰랐을까 하는 부분이다. 이미 내 나이 사십 중반을 넘어가고 있다. 10년만, 딱 10년만 더 일찍 이 사실을 알았더라면 내 인생이 달라졌을 텐데… 나는 지금도 이런 후회 속에 살아가고 있다. 하지만 어쩌랴. 시간은 흐르는 물과 같아서 한 번 지나간 시간은 되돌릴 수가 없으니, 아무리 땅을 치고 후회한들 아무 소용없는 일인데… 차라리 그 시간을 더 의미 있고 보람되게 보내는 것이 더 생산적인 일이 될 것이다. 그래서 나는 지금도 그전의 나와 같은 인생을 살고 있는 사람들을 만나면 제발 나처럼 살지 말라고 붙잡고 애원이라도 하고 싶은 심정이다.

얼마 전 옛 직장 부하직원의 결혼식에 참석했다가 옛 직장 동료들을 한꺼번에 만나게 되었다. 전화로는 가끔 통화하기도 했었지만 거의 6년 만의 만남이라 그리 반가울 수가 없었다. 그때 우리가 참 재미있게 직장생활을 했었고 또 모두가 밝고 활달한 성격이라 즐거운 추억들이 많았기 때문이었으리라. 그때 20대였던 그들은 이제 모두가 30대의 인생을 살고 있었다. 이날 결혼한 친구가 마지막이었기에 모두가 결혼도 했고 눈에 넣어도 아프지 않을 귀여운 아이들도 주렁주렁 달려 있었다. 그들은 모두가 각자 꽤 괜찮은 직장에서 열심히 살고 있는 모습이었다. 그런데 재미있는 것은, 거의 다가 맞벌이하고 있다는 사실과 지금 다니는 직장이 오로지 돈 때문에 나가는 것이고 돈 문제만 해결

나의 존재, 나의 가치를 발견하라

된다면 당장이라도 그만두고 싶다는 것이다. 아마 대한민국에서 직장을 다니는 거의 대다수가 이들과 별반 다르지 않을 것이다. 나 역시 이런 시절을 보냈기에 너무도 사정을 잘 안다. 하지만 내 눈에 이들의 겉모습은 비록 밝아 보일지라도 속은 그렇지 않아 보였다. 아니, 이날 만난 사람 중 몇몇은 이미 겉모습에서도 그런 어둠을 짙게 노출하고 있었다.

인간은 누구나 행복을 추구하는 존재이다. 그 행복을 돈에서 찾는 사람도 있고 명예에서 찾는 사람도 있고 사람에게서 구하는 사람도 있다. 하지만 그런 것들은 일시적 행복만 채워줄 뿐이다. 진정한 행복은 그 자신의 존재가치를 찾을 때 비로소 다가온다는 사실을 나는 깨달았다. 나는 누구인가. 이 세상에 왜 태어났으며 내가 진정으로 하고 싶어 하는 일은 무엇인가. 이 가치를 찾고 그것을 추구해 나갈 때 인간은 비로소 삶의 가치를 발견하게 되며 행복에 이르게 된다는 것이다. 그렇다면 지금 우리가 해야 할 가장 소중한 일은 무엇일까? 물론 미래를 준비하기 위해 돈을 버는 것도 중요하다. 그것은 분명 당장 해야 할 가장 중요한 일 중 하나임이 틀림없다. 하지만 내가 어디로 가고 있는지 알지도 못한 채 돈만 번다면, 그것처럼 어리석은 일도 없을 것이다. 만약 아무리 많은 돈을 벌었다 해도 내가 가고자 하는 곳이 산의 정상이었는데 정상이 아닌 낭떠러지로 가버렸다면 그 많은 돈은 어떻게 되겠는가. 그래서 지금 우리가 해야 할 가장 소중하고 중요한 일은 먼저 내 인생의 방향을 설정해야 한다는 것이다. 진정으로 내 속에 있는 나는 무엇이여, 또 무엇을 원하고 있으며 무슨 일을 하기 원하는지… 이처럼 자기 안에 숨어 있는 진정한 자신의 존재가치를 발견하고 그것을 추구해 나가는 것이 곧 인생의 방향을 설정하는 일이다.

자신의 가치를
발견하기 위해서는 독서

나에게는 다행히 꿈이란 것이 있었다. 그래서 나는 나의 가치를 그 꿈을 통해서 발견할 수 있었다. 비록 뒤늦은 나이였지만 지금 그 가치를 향해 즐겁고 기쁘게 나아가고 있다. 그런데 지나가는 사람을 붙들어놓고 당신의 꿈이 무엇이오, 하고 물어본다면 몇 사람이나 곧바로 대답할 수 있을까. 아마도 10~20%를 넘지 못할 것이다. 사실 누구는 크고 작은 꿈이 없었겠는가. 하지만 각박한 세상의 환경이란 굴레에서 살다 보니 어느새 그 꿈은 내 속 깊숙한 어느 곳으로 숨어버리고 말았던 것이다. 나 역시 38세가 되기 전까지 전혀 꿈에 대해 의식조차 못하고 살았을 정도로 세상의 굴레라는 것은 매우 강한 우물이다. 그 우물에서 빠져나오지 않는 한 결코 그 꿈을 끄

나의 존재, 나의 가치를 발견하라

집어내지도 못할 만큼 세상의 굴레는 크고 강한 우물이다. 일단 그 꿈을 발견하기 위해서는 세상의 굴레에서 빠져나와야 한다. 그러면 그동안 우물 안 개구리 신세였던 나의 시각이 나의 시야가 그제야 우물 안 개구리에서 벗어나 완전히 커다란 세상의 시각으로 다시 보게 되는 것이다.

하지만 세상의 굴레에서 빠져나오는 것이 어디 쉬운 일인가. 수십 년 동안 그 가치에 따라 내 가치관과 모든 습관이 형성되어 있으니 말이다. 어쩌면 내 유전자조차 세상의 굴레에 맞게 형성되어 있는지도 모를 정도다. 나 역시 이 때문에 세상의 굴레에서 빠져나오는 것이 쉽지 않았다. 가장 큰 걸림돌이 아마도 경제적인 부분이 될 수도 있을 것이다. 나의 경우 다행히 맞벌이를 하고 있어 아내가 큰 힘이 되었다. 하지만 지금 생각해 보면 설사 맞벌이를 하고 있지 않았더라도 나는 나의 길을 갔을 것 같다. 그만큼 꿈이 강렬했기 때문이었다.

그때, 내 꿈이 그렇게 강렬할 수 있었던 가장 큰 원동력은 결국 독서 때문이었다고 감히 말하고 싶다. 그때 나는 책 속에서 꿈을 읽을 수 있었다. 책 속의 꿈은 비록 내 꿈이 아니었지만, 어느새 내 꿈으로 전이되어 나에게 다가오고 있었던 것이다. 그때 나는 그 짧은 기간 동안 수백 권의 책을 읽었다. 다른 성공한 사람들처럼 책의 권수를 헤아리지 않았기 때문에 수백 권이라고 두리뭉실 말할 수밖에 없다. 어떨 땐 하루에 두 권을 읽은 적도 있을 정도로 책에 매달렸다. 책 속의 내용이 너무도 나를 끌어당겼기 때문이기도 했지만, 반대로 책을 놓으면 어느새 밀려오는 두려움이 겁나기 때문이기도 했다. 그래서 한 권의 책이 끝나기 무섭게 바로 다음 책으로 곧바로 넘어갔다. 물론 직장 다니던 시절에는 시간이 없기에 주로 출퇴근 시간을 이용했다. 그래서 일부러 끌고 다니던 차 대신 대중교통을 이용했다. 전철 안에서는 물론 집에서 전철까지, 전철에서 회사까지 걸어가면서도 무조건 책을 읽어댔다.

성공한 모든 사람이 독서의 중요성을 강조하는데, 나 역시 독서를 강조하고 있는 모습을 보면 참 구태의연한 것 같기도 하고 아이러니하기도 하다. 정말 독서가 중요한 것일까. 사실 한 권의 책, 한 페이지의 글을 읽고 있을 때는 이런 느낌을 전혀 받지 못할 수도 있다. 솔직히 재미없는 책을 읽을 때에는 어느 정도 고충도 뒤따른다. 나 역시 싫증을 잘 내는 성격이라 처음 책에 집중하기가 쉽지 않았다. 물론 그 많은 책을 읽은 지금도 마찬가지다. 그래서 책을 읽으며 과연 내가 잘하고 있는 것인지 의심할 때도 수없이 많았다. 그런데 독서의 경이로움은 한순간에 나타나는 것이 아니라 오랜 시간 다독 후 나타나는 것이라 말하고 싶다. 지금 생각해 보면 그때 내가 책을 읽지 않았다면 지금의 나

나의 존재, 나의 가치를 발견하라

는 없었을 것이라 확신할 수 있을 정도로 말이다.

　작가로서의 문장 역시 마찬가지다. 물론 지금 내가 문장을 아주 잘 쓴다는 것은 절대 아니다. 대한민국에는 정말 문장이 화려한 실력파 작가들이 들끓을 정도로 많다. 나의 경우, 이쪽 전공을 한 사람도 아니고 뒤늦게 사십이 넘은 나이에 이 세계에 뛰어들었으니 그 열등감이 어느 정도였겠는가. 처음 글을 배우러 갔을 때 선생님께서 했던 말이 지금도 내 가슴을 찌를 정도다.

　'문장이 밋밋하여 시간이 오래 걸릴 듯하다.'

　남들보다 늦게 들어와 한시가 급해 죽겠는데 시간이 오래 걸린다니, 그야말로 청천벽력이 아닐 수 없었다. 그래서 나는 동화와 소설을 읽고 또 읽었다. 소위 문학계에서 어느 정도의 경지에 오르기 위해 해야 할 필수사항 세 가지가 있다. 바로 다독, 다작, 다상량이 그것이다. 즉, 많이 읽고 많이 쓰고 많이 생각해야 한다는 것이다. 나는 이것을 꾸준히 실천했다. 하지만 당장 효과가 나타나지 않아 포기할 마음도 있었다. 그런데 그렇게 읽다 보니 나도 모르게 서서히 작품세계의 재미에 빠져들기 시작했다. 그 후로는 시키지 않아도 문학 서적을 읽게 되었다. 그렇게 2년이 지나고 어느 날 내가 느끼기에도 내 문장이 조금 달라진 것을 알 수 있을 정도가 되었다. 아니나 다를까, 내가 다니던 대학원 교수님께서도 문장이 많이 좋아졌다는 평가를 하는 것이 아닌가. 독서의 힘이란 이와 같은 것이다. 당장은 그 효과를 모르겠고 또 요즘처럼 편한 세상에 어렵게 책을 읽는다는 것은 또 하나의 고통일 수도 있다. 하지만 그 고통 후에 다가오는 유익을 생각하면 독서는 선택사항이 아니라 필수사항임이 분명하고 또 분명한 것이다.

여기서 독서의 팁을 하나 알려주고 싶다. 이렇게 말하는 사람들이 있을 것이기 때문이다.

"나도 꿈이 중요하다는 사실은 알고 있어요. 하지만 나는 아무리 생각해도 내 꿈이 무언지, 내가 무얼 하고 싶어 하는지 도저히 알 수 없는데 어떡하죠."

이런 사람의 마음을 나는 십분 이해한다. 내가 그런 상태를 겪어봤기 때문이다. 내가 하고 싶은 이야기는 그렇다고 포기해서는 안 된다는 것이다. 아직 자신의 내면에 잠재해 있는 진정한 자신의 가치를 발견하지 못했을 뿐이다. 신의 입장에서 보자면 아직 시기상조이기 때문에 그럴 수도 있다. 이처럼 자신이 진정으로 뭘 하고 싶어 하는지 아직 발견하지 못했다면 자기계발서류의 책들을 읽어보라 권하고 싶다. 자기계발서류의 책들은 이런 꿈을 강조하기 때문이다. 그리고 이런 꿈을 발견하는 구체적 방법을 제시하는 책들도 많다. 이런 부류의 책을 읽다 보면 어느새 자신의 가치를 발견할 가능성이 훨씬 높아질 것이다. 또

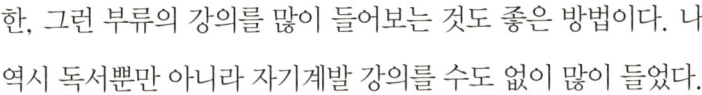
나의 존재, 나의 가치를 발견하라

한, 그런 부류의 강의를 많이 들어보는 것도 좋은 방법이다. 나 역시 독서뿐만 아니라 자기계발 강의를 수도 없이 많이 들었다.

나의 가치를 발견했다면
태도가 중요하다

나의 가치를 발견했다면 이제야 비로소 마라톤의 출발점에 선 것이라고 할 수 있다. 나 역시 이제 출발점을 지나 5km 지점 정도를 통과하고 있다고 생각한다. 출발점에 선 당신에게 있어 가장 중요한 것은 무엇일까? 혹자는 강한 정신력을 외치기도 하고 혹자는 성실한 노력을 외치기도 한다. 에디슨의 경우 '천재는 1% 영감과 99%의 노력으로 이루어진다'고 했다. 이는 현대의 성공을 향해 가는 사람들에게 '성공은 1% 영감과 99%의 노력으로 이루어진다'는 말로 빗대어 사용되기도 한다. 그만큼 노력이 중요하다는 것을 강조하기 위해서 사용되는 대표적 격언이다.

나는 이제 마라톤 출발선상에 선 당신에게 있어 가장 중요한 것은 영감이나 노력보다 '태도'라고 감히 말하고 싶다. 당신이 마라톤 출발선상에 섰다는 것은 이미 어디로 가야 할지 방향은 알고 있다는 뜻이 된다. 문제는 그 42.195km의 여정이 절대 만만치 않다는 사실이다. 그래서 당신은 중간에 너무나 지쳐서 주저

앉을 수도 있고 심지어 포기할 수도 있다. 그때 좀 더 참고 노력해 강한 체력으로 버텨낸다면 당신은 좀 더 멀리 갈 수도 있을 것이다. 하지만 또 지쳐서 마지막 체력이 고갈되고 노력마저 하지 않는다면 결국 당신은 목표 지점을 얼마 남겨두지 않고 포기하게 될 수도 있다. 이때 당신의 태도가 무엇보다 중요하다. 왜냐하면, 태도야말로 모든 것을 지탱해주는 근원적인 힘이기 때문이다. 당신이 만약 나는 어떤 일이 닥치더라도 -설사 그것이 죽음의 고통에 견줄 만한 것이더라도- 목표지점에 도달하겠다는 태도를 가지고 있다면 그것이 근원적인 힘이 되어 노력을 낳고 체력을 낳을 수 있다. 하지만 이런 근원적 에너지가 없이 무조건 자신의 체력과 노력만 믿고 달렸다가는 실패를 맛보기 마련이다.

'호랑이 굴에 들어가더라도 정신만 차리면 산다'는 속담이 있다. 이는 태도의 중요성을 일변하는 대표적인 말이라 할 수 있다. 이 사람은 비록 호랑이 앞이라도 나는 살 수 있다는 태도를 견지하고 있기에 호랑이 굴에 들어갔지만 담대할 수 있었고 그래서 살 수 있었던 것이다. 반대로 이런 태도 없이 무방비 상태로 호랑이 굴에 들어간 사람은 너무도 큰 두려움에 떨며 실제 호랑이가 위협을 주지 않았는데도 스스로 놀라 심장마비로 죽을지도 모르는 것이다. 이처럼 태도는 중요하다.

나의 존재, 나의 가치를 발견하라

태도가 중요한 것은, 심지어 태도가 환경마저 변화시킬 힘이 있다는 데 있다. 무슨 말일까.

자, 여기는 세계 최고의 축구리그인 프리미어리그 경기가 벌어지고 있는 런던의 축구경기장이다. 여기에 대한민국의 영웅 박지성 선수가 맨체스터 소속으로 뛰고 있다. ―비록 지금 퀸즈파크레인저스로 옮겼지만 그전 상황을 상상해서― 상대는 프리미어리그 최고의 팀 중 하나인 첼시이다. 세계적 축구스타 드록바와 램파드도 뛰고 있다. 박지성 선수는 유독 첼시에 강하다. 그의 마음속 태도 역시 '나는 첼시와의 게임에서는 꼭 이긴다'는 자세를 견지하고 있다. 그러한 태도는 곧 자신감으로 이어지고 박지성 선수는 이 경기에서 훨훨 난다. 결국 1 대 1의 극적인 상황에서 박지성 선수는 결승골을 넣고 이 경기의 히어로가 된다.

위의 경우는 박지성 선수가 첼시와의 경기에서 긍정적 태도를 견지하고 있을 때 나타날 수 있는 결과이다. 만약 박지성 선수가 '아 나는 첼시와의 경기에서는 유독 약해. 안 될 거야.' 라는 태도를 견지하고 있었다면 과연 저런 결과가 나타날 수 있을까. 그러한 태도는 곧 박지성 선수의 뇌를 자극하고 뇌는 이에 따른 신호를 신체 각 기관으로 보내어 몸을 굳게 만들고 실수를 연발하게 할 것이다. 결국, 경기는 엉망이 되고 박지성 선수는 경기 후 수많은 질타에 시달리게 된다. 이는 무엇을 말하는가.

결국 태도에 따라 환경은 얼마든지 좌지우지될 수 있는 것을 뜻한다. 긍정적 태도를 견지하자 좋은 환경이 펼쳐졌으나 부정적 태도를 견지하자 좋지 않은 환경이 펼쳐졌다. 한 사람의 태도는 이처럼 중요한 것이다.

자, 다시 현실로 돌아와 보자. 당신은 이제 당신이 그토록 하고 싶어 하는 꿈의 출발선상에 서 있다. 문제는 이 꿈이 이루어질 것인가, 아니면 이루어지지 않을 것인가이다. 이때 당신은 두 가지 태도를 보일 수 있다. 즉, 이 꿈은 반드시 이루어진다는 태도와 혹시 이루어지지 않을지도 모른다는 태도. 어떤 태도를 보이든 그것은 당신의 자유이다. 중요한 것은 꿈이 반드시 이루어진다는 태도를 견지하면 모든 환경은 그 꿈이 이루어지는 쪽으로 움직일 것이고, 꿈이 이루어지지 않을지도 모른다는 태도를 보이면 이후의 모든 환경은 그 태도에 맞게 움직일 것이라는 사실이다. 당신은 어떤 태도를 선택하고 싶은가. 당연히 전자일 것이다. 그래서 지금 태도가 가장 중요하다는 이야기를 하고 싶은 것이다.

다시 한 번 태도를 기억하라. 이것은 너무도 중요한 이야기이기 때문이다. 할 수 있다, 내 꿈은 이루어질 것이다, 어떤 어려움이 와도 이겨낼 수 있다, 모든 것을 긍정적으로 바라보자, 라는 태도를 보여야 한다. 그래야 42.195km의 그 난관을 넘어서고 목표에 도달할 수 있다. 한때 꿈은 이루어진다라는 말이 유행한 적이 있다. 서점가의 수많은 서적이 꿈은 이루어진다고 달콤한 말을 쏟아낸다. 물론 꿈은 이루어진다. 단 그 꿈과 이루어짐 사이에 수많은 난관이 있다는 사실을 잊지 말아야 한다. 그 난관을 이겨내야만 꿈이 이루어진다는 사실을 간과해서는 안 된다는 것이다. 그때시 대도가 중요하다는 것이다. 나는 다행히 처음 출발선상에 섰을 때 태도의 중요성을 너무도 뼈저리게 알고 있었다. 물론 책 속의 스승 덕분이었다. 수많은 독서 가운데서 책 속의 스승들이 그것을 알려주었다. 그리고 나에게도 수많은 난관이 찾아왔지만, 그 태도 덕분에 그 난관을 이겨낼 수 있었다. 태도는 이처럼 중요한 것이다. 태도가 굳건히 정해져 있다면 이 세상에 두려울 것은 단 하나도 없게 되는 것이다.

어떻게 태도를 바꿀 것인가

사실, 30여 년 이상 세상의 굴레 속에 살아온 사람이 하루아침에 태도를 바꾼다는 것은 쉽지 않은 일이다. 아니, 어떤 사람은 불가능에 가까울지도 모른다. 왜냐하면 그것은 그 사람의 성격, 가치관과도 깊은 연관이 있기 때문이다. 나 역시 거의 40여 년간 나를 지탱하고 있었던 태도를 바꾸기란 무척이나 어려운 일이었다. 설령, 독서를 통해 태도의 중요성을 깨닫고 겉으로 태도를 바꾸었다고 해도 속에 숨어 있는 내 진짜 태도까지 바뀌었다고 볼 수는 없다. 내 태도가 진짜 바뀌었는지 여부는 실전에서 그대로 드러나게 마련이다.

내가 출발 총성을 듣고 꿈을 향해 뛰기 시작했을 때 곧바로 첫 번째 시련이 닥쳐왔다. 무려 3군데의 거래처에서 계약을 취소한 것이었다. 이는 사실 한 집안의 가장으로서 청천벽력과도 같은 일이 아닐 수 없었다. 당시만 해도 아직 직장인 마인드를 완전히 벗어버리지 못했던 나는 곧 절망 속으로 빠져들었다. 정말이지 직장이라는 새장은 온갖 안전지대로 둘러싸인 요새라는 생각이 강하게 들었다. 만약 직장에 다니고 있었다면 이런 일이 생기더라도 월말이 되면 월급은 꼬박꼬박 나오지 않는가. 하지만 지금은 상황이 완전히 다르다. 거래가 끊어지는 순간 돈도 날아가 버린다. 이것이 직장인과 프리랜서의 가장 큰 차이다.

당시의 나는, 다행히 운이 좋아서 마지막 남은 거래처에서 밥벌이를 할 수 있었다. 물론 그 밥벌이는 직장처럼 단순히 돈을 벌기 위한 밥벌이가 아니라 내 꿈을 펼치기 위한 기초를 쌓음과 동시에 하는 밥벌이였다. 하지만 위기는 또다시 찾아왔다. 첫 번째 위기보다 훨씬 큰 위기였다. 한군데 남은 거래처조차 딴죽을 걸어온 것이다. 이렇게 하여 나는 아예 모든 거래처의 거래가 끊어져 버리는 상황에 직면했다. 그야말로 개점휴업, 실직상태, 졸지 백수나 다름없는 상황이 벌어진 것이다. 그때 나는 나 자신의 태도가 얼마나 사상누각에 놓여있는지 절실히 깨달을 수 있었다. 이건 꿈 운운할 상황이 아니라는 생각까지 했다. 다시 직장으로 돌아가 버릴까도 생각했다. 이렇게 매일 의기소침해 있으니까, 이제 아내까지 걱정하는 상황이 되었다. 사실 그때 나와 함께 직장을 그만두었던 사람이 몇 있었다. 제 딴에는 자기 일을 해보겠다고 직장을 떨쳐버리고 나온 사람들이었다. 하지만 그들은 대부분 다시 직장으로 돌아가 버렸다. 닥치는 시련을 극복하지 못한 까닭이었다. 그런 그들을 보면서 나까지 마음이 약해지는 것은 당연지사였다. 하지만 그때에도 나는 다른 것은 몰라도 내 꿈이 이루어질 것이란 약한 믿음 하나는 있었던 것 같다. 그것은 곧 긍정적인 나의 태도에서 발현된 것이기도 했다. 그래서 나는 계속해서 가시밭길을 걸어가기로 마음먹었다. 나의 태도가 세상의 굴레가 아닌 꿈 쪽을 선택했기 때문에 나타난 결과였던 것이다.

결국 이후로 나는 위기를 잘 넘기고 새로운 기회를 맞이하게 되었다. 나를 알아주는 출판사를 만난 것이다. 그 출판사 편집장은 나의 든든한 후원자가 되어주어 나로 하여금 여러 권의 책을 내게 해주었다. 지금 생각해 보면, 위기가 닥치는 고비마다 그

위기를 잘 넘길 수 있었던 것은 결국 나의 태도 때문이었다고 감히 말하고 싶다. 나의 태도가 사회적 안정이 아닌 내 꿈을 향해 있었기에 가능한 일이었다고. 지금도 나는 더 높은 꿈을 향해 열심히 뛰고 있고 수많은 위기와 직면하고 있다. 하지만 지금의 나는 초창기 이 분야에 뛰어들었을 때의 나와는 차원이 다른 나처럼 느껴진다. 그것은 처음 기초가 약한 상태와 달리 여러 실전을 몸으로 겪으면서 더욱 단단해진 까닭일 것이다.

그 외에도 나는 태도를 굳건히 할 수 있는 비법 몇 가지를 발견하였다. 오늘 나는 나처럼 꿈을 향해 나아가는 여러분에게 그 비법 몇 가지를 소개하고자 한다.

마음운동

마음운동? 아마도 고개를 갸웃거리는 사람이 대부분일지도 모르겠다. 몸 운동, 그냥 운동이라는 말은 들어봤어도 마음운동이라니? 도대체 마음을 어떻게 운동할 수 있단 말인가. 내가 마음운동을 개발한 이유는 자명하다. 태도를 좀 더 굳건히 하기 위해서다. 태도란 무엇인가. 결국, 내 마음의 중심이 어디를 향하고 있는가를 대변하는 단어이다. 결국 태도는 마음과 직접적인 관련이 있다. 생각해 보라. 마음이 건강하면 생활도 즐겁다. 반대로 마음이 건강하지 못하면 늘 부

나의 존재, 나의 가치를 발견하라

정적 생각에 시달리고 생활도 즐거울 리가 없다. 결국 태도는 마음의 건강과 직접적인 관련이 있을 수밖에 없는 것이다.

내가 마음운동에 관심을 갖게 된 것은 한 TV 프로를 보면서부터이다. 수년 전에 KBS 다큐멘터리로 〈마음〉이라는 프로를 한 적이 있었다. 그런데 그때 희대의 연쇄살인마 유영철에게 피해를 본 한 사람이 등장하여 눈길을 끌었다. 그는 유영철로부터 어머니, 아내, 딸을 동시에 잃은 사람이었다. 한 살인마로부터 가족을 한명도 아니고 3대에 걸쳐 3명이나 잃은 슬픔과 분노는 도저히 글로 표현할 수조차 없을 터이다. 중국영화 식으로 한다면 이는 몇 대에 걸쳐 원수를 갚아도 풀리지 않을 만큼 사무치는 분노를 자아낼 만한 사건임이 분명했다. 그런데 그는 이날 TV에 등장해서 자신이 유영철을 용서했다고 고백했다. 나는 내 귀를 의심할 수밖에 없었다. 아니, 어떻게 저런 것이 가능하단 말인가. 하지만 그는 분명히 자신이 유영철을 용서했다고 고백하고 있었다. 그 역시 처음에는 유영철에 대한 분노로 정상적인 삶을 살 수 없었다고 했다. 그래서 스스로 피해자 모임까지 만들어 유영철에게 복수하기 위해 동분서주했지만 그렇게 원수를 갚는다고 자신의 분이 풀리지는 않았다고 했다. 오히려 정상궤도를 이탈한 삶은 더욱 낭떠러지를 향해 가고 말았다는 것이다. 그러다가 지금의 수녀님을 만나게 되었고, 그녀로부터 용서의 미덕을 배웠다고 했다. 나는 점점 TV의 화면 속으로 빠져들었으며 그 수녀님의 말에 귀를 기울였다. 그때 그 수녀님의 말은 아직도 내 귀에 생생하다.

"사람들이 온통 외모 가꾸는 것에만 열심이에요. 하지만 내면을 가꾸지 않으면 안 돼요. 여자들이 예뻐 보이려고 화장하는 것처럼 내면도 매일 화장을 해야 해요. 왜냐하면 사람은 내면이 황폐해지면 넘어질 수밖에 없는 존재거든요. 그래서 나는 매일 일어나면 마음을 화장해요. 오늘도 내일도 내 마음을 아름답게 가꾸기 위해 나는 매일 마음을 화장해요."

여러분은 수녀님의 이 말을 어떻게 받아들일지 모르겠다. 하지만 나는 너무도 충격적이었다.

매일 마음을 화장한다. 이 얼마나 중요한 말인가. 결국, 인간의 삶은 마음에 달렸다고 할 수 있을 만큼 마음은 중요하다. 그런데 사람들은 이 마음을 가꾸는 것에 소홀하다. 아니, 소홀한 정도가 아니라 거의 무방비로 방치 상태다. 건강을 위해 매일 운동을 한다고 야단법석이지만 만약 집안에 큰 문제가 생기고 마음이 황폐해지면 그 건강도 아무 소용없게 돼버리는 것을 모르는가. 아무리 돈 많고 건강한 사람도 결국 마음 하나 다스리지 못해 패가망신하는 사람을 우리는 요즘 TV 뉴스에서 무수히 보고 있지 않은가. 결국 인간은 마음의 지배를 받을 수밖에

나의 존재, 나의 가치를 발견하라

없는 존재이기 때문이다. 마음은 이처럼 인간의 삶에 중요한 존재이다.

내가 마음운동을 개발한 이유는 이 때문이다. 앞에서 나는 태도의 중요성을 이야기했다. 태도는 결국 마음의 지배를 받는다. 마음이 건강할 때 태도도 건강해 보이는 것이다. 그렇다면 어떻게 건강한 마음을 갖게 될 수 있을까. 원리는 간단하다. 우리가 건강한 몸을 갖기 위해서는 건강식을 먹고 운동을 해야 한다. 마음 역시 마찬가지다. 건강한 마음을 갖기 위해서도 마음의 양식을 먹고 마음운동을 해야 한다. 마음의 양식이란 무엇인가. 바로 앞에서 재차 강조했던 독서이다. 이때 독서는 물론 양서를 읽어야 한다. 그리고 마음운동이란 무엇인가. 몸 운동을 위해 우리가 걷기를 하고 자전거를 타는 것처럼 마음운동을 위해서도 마음을 단련시키는 뭔가를 해야 한다는 것이다. 이러한 마음운동으로 마음수련에서 이야기하는 −기수련, 명상 등− 여러 가지를 떠올릴 수 있겠으나 나는 이러한 마음운동이 어떤 종교나 집단의 굴레에서 행해지는 것은 피해야 한다고 생각한다. 그래서 나는 내 나름의 방법을 개발하여 꾸준히 마음운동을 실행해 오고 있다. 그리고 지금, 놀라운 효과를 맛보고 있다.

궁금해하는 사람들을 위해 내가 여기 실천하는 방법을 간단히 소개하면 심리학에서 소개된 바 있는 명상과 자기암시 기법과 비슷한 것이라 할 수 있다. 심리학은 일단 마음을 과학적으로 연구하는 분야이니 어느 정도 신빙성이 있다고 해야 할 것이다. 그래서 나는 이것을 참고했고 내 나름의 방식을 적용했다. 그리고 당장은 아니었지만 몇 년 후 그 효과를 실감하게 되었다. 내 마음이 매우 건강해졌다는 것을 몸소 체험하고 있다는 것이다. 그것은, 물론 평상시에도 살짝살짝 느꼈지만 어떤 문제가 발생하거나 위기가 닥쳤을 때 확연히 드러나는 것 같다. 그전과 그 상황을 받아들이는 태도가 달라진 것이다. 뭐랄까, 훨씬 긍정적이고 넓고 높게 보게 되었다. 그전에는 조그마한 문제에도 요동쳤던 마음이 이제는 웬만한 문제에는 꿈쩍도 하지 않는 것 같다. 물론 아직도 완벽하다고는 할 수 없다. 아니 어쩌면 완벽은 평생 이룰 수 없을지도 모른다. 하지만 그전보다 좀 더 건강해졌다면, 그리고 앞으로도 조금씩 조금씩 건강해진다면 그것만으로도 나는 큰 만족을 얻는 것이다.

오늘을 사는 여러분들에게 권한다. 당신이 당신의 꿈을 발견했다면, 아니 아직 꿈을 발견하지 못했더라도 반드시 마음운동을 시작하기 바란다. 마음운동이야말로 여러분의 삶의 질을 한 차원 높여줄 것이기 때문이다.

나의 존재, 나의 가치를 발견하라

마감시간을 정하라

자신의 꿈(가치)을 발견한 여러 분을 위하여 이제 좀 구체적인 이야기를 하도록 하겠다. 그 꿈은 반드시 실현해야 할 만큼 가치가 있기 때문이다. 많은 사람이 꿈을 발견하는 데까지는 도달하나 중도 포기하는 사람들이 너무도 많다. 아니, 대다수의 사람이 중도 포기하고 마지막 남은 몇 사람이 성공의 고지에 깃발을 꽂는 것이다. 이것이 세상사의 원리이다. 당신은 중도 포기하는 무리에 들고 싶은가, 아니면 성공의 고지에 당당히 깃발을 꽂는 무리에 들고 싶은가. 당연히 후자일 것이다. 혹시 성공의 고지에 깃발을 꽂지는 못할지라도 마지막까지 최선을 다했다면 그는 성공한 자 못지않은 대접을 받을 수 있을 것이다. 하지만 꿈은 거창했으나 미루고 게으름 부리고 나태한 생활로 일관했다면 그는 실패자로 낙인 찍히고 말 것이다. 결과도 중요하지만 이 과정이 더 중요하다는 이야기를 하고 싶은 것이다.

이제 꿈을 향해 출발했다면 당신은 가장 먼저 무엇을 해야 할까. 인생의 마라톤은 무려 42.195km나 될 정도로 매우 길다. 그것을 그저 목표를 보고 뛰겠다고만 생각하고 달린다면 그처럼 어리석은 일이 없을 것이다. 큰 목표를 이루기 위해 작은 목표를 세워야 한다. 구간을 나누고 그 구간에 대한 목표를 다시 정해야 한다. 10km까지는 얼마에 뛰고… 또 20km까지는 얼마에 뛰고 이러한 구간은 좀 더 세부적으로 나눌수록 더 큰 효과를 누릴 수 있다.

꿈을 향해 뛰는 인생의 구간도 마찬가지다. 한꺼번에 그 꿈에 도달할 수는 없는 노릇이다. 그러니 그 꿈을 이루기 위해 세부 구간을 나눠야 한다. 나는 처음 내 꿈을 이루기 위한 계획표를 짰다. 그때 나는 계획표에 작가가 되겠다는 꿈, 1년에 책을 몇 권 내겠다는 꿈, 매달 얼마 분량의 일을 하겠다는 꿈, 매달 얼마의 돈을 벌겠다는 꿈 등을 계획표에 기록했었다. 그리고 그 계획을 달성하기 위한 월 단위, 주 단위, 일 단위, 매시간 단위의 계획을 짰다. 어떤 사람은 그렇게 하다가는 계획 짜는 데 시간 다 보낼 것이라며 걱정할지도 모르겠다. 하지만 이 계획표야말로 나에게는 헌법과도 같은 것이었다. 대한민국의 헌법은 자유민주주의 대한민국을 지탱하는 뿌리와도 같은 것이다. 마찬가지로 나의 계획표는 꿈을 향해 나아가는 나를 지탱하는 뿌리인 것이다. 여기서 나는 에너지를 얻고 힘을 공급받고 나가야 할 방향을 지시받으며 통제받는다. 만약 이 계획표가 없다면 나의 생활은 그야말로 무절제의 세계로 빠져들고 말 것이다. 마치 엔트로피 법칙을 따라 무질서로 향해가는 우주처럼 말이다.

나의 존재, 나의 가치를 발견하라

　내가 계획표를 만든 지 1년이 지난 후 나는 놀라운 사실을 발견했다. 1년 전 내가 계획표에 기록했던 내 꿈이 모두 현실이 되어 돌아왔기 때문이다. 이후로 나는 계속하여 계획표를 짰고 지금도 계획표를 짜고 있다. 물론 그 계획표에는 내 인생의 꿈을 이루기 위한 목표, 5년간 목표, 연간 목표, 월간 계획, 주간 계획, 일산 계획이 다 포함되어 있다. 그런데 이 계획표를 만드는 가장 큰 목적이 있다. 그냥 거창하게 내 꿈을 기록하기 위해서가 아니다. 바로 마감시간을 정하기 위해서다.

　마감시간! 이는 무엇을 말하는가. 인간은 그대로 두면 그저 무절제 속으로 빠지려는 속성을 가진 존재이다. 만약 사회라는, 법이라는 강제를 가하지 않는다면 무한한 자유 속으로 빠지려는 속성을 가진 존재가 바로 인간인 것이다. 아무리 꿈이 자기를 사로잡았다 하더라도 스스로 또 다른 강제를 가하지 않는다면 그는 결코 하루하루를 성실히 살아가기가 쉽지 않을 것이다. 그러면 결국 꿈은 이루어지지 않고 그는 중도탈락자가 되고 만다. 앞에서도 이야기하지 않았는가. 꿈과 이루어짐 사이에는 수많은 역경이 가로놓여 있다고. 그것을 성실로 뚫고 나가야 하는데 더 큰 힘을 가진 게으름이 그 성실을 덮어버리기 때문에 결코 역경의 난관을 뚫고 지나기가 쉽지 않다고.

　그래서 필요한 것이 마감시간이다. 만약 계획을 세우되 마감시간을 정하지 않았다면 그는 자꾸 게으름을 부리며 계획을 미루려 할 것이다. 그리고 결국 계획표는 무용지물이 되고 말 것이다. 그것이 인간의 본성이다. 하지만 마감시간을 정하면 이야기가 달라진다. 작가에게 있어 마감시간은 가장 큰 스트레스지만 만약 마감시간이 없다면 한 줄의 글도 쓰지 못할 작가가 수두룩하다. 하지만 마감시간이 정해지고 마감시간이 다가오면 작가의 눈빛이 달라진다. 생각지도 못한 글이, 생각지도 못한 스토리가 줄줄 흘러나온다. 마감시간의 파워는 이런 것이다. 게으른 인간을 긴장시키며 나태한 인간을 성실하게 만들어준다.

이제 꿈을 향해 달리기 시작한 당신이라면 당장 꿈의 계획표를 만들기 바란다. 그리고 그 꿈의 계획표에는 반드시 마감시간이 있어야 한다. 예를 들어 내가 포르쉐를 사고 싶은 꿈이 있다면 언제까지 포르쉐를 살 것인지 마감시간을 정해야 하고 내가 1억의 돈을 벌겠다는 꿈이 있다면 언제까지 1억의 돈을 벌 것인지 정확한 마감시간을 정해야 한다는 것이다. 그러면 당신의 몸과 마음은 그 마감시간의 압박을 받으며 더 열심히 더 성실하게 하루하루를 살게 될 것이다. 그리고 놀랍게도 당신이 정한 마감시간 내에 당신의 꿈이 이루어지는 기적(?)을 맛보게 될 것이다. 나는 지금까지 그런 경험을 무수히 해보았다. 그래서 당신에게 이런 이야기를 해주고 싶은 것이다.

나의 존재, 나의 가치를 발견하라

작가소개

첫 번째 이야기 | 평범하나 10대를 위한 특별한 이야기
낙타

'평범한'이란 수식어가 가장 잘 어울리는 10대 시절을 보냈다. 대학생인 나는 남에게 보여줄 화려한 이력은 없다. 하지만 10대 시절의 솔직한 고민들을 통해서 나 자신, 그리고 10대들과 마주하고 싶었다. 지난 시간보다 미래가 기대되는 나. 앞으로의 청춘을 나만의 특별함으로 채워가기 위해 하루하루 꿈을 이뤄가고 있다.

두 번째 이야기 | 청년이여, 치열하게, 읽고 뜨겁게 생각하라.
글래디에이터

대한민국 No.1 북트레이너란 이름으로 블로그(booktrainer.net)를 운영하고 있습니다. 일본지진 현장을 다녀온 후 글에 대한 열정을 멈출 수 없어 짧은 직장생활을 마치고 도서리뷰에 열정을 다했습니다. 치열하게 책을 분석하다 보니, 글쓰기에 대한 뜨거운 사랑을 발견했습니다. 그 과정에서 해당 저자들을 만나고, 문화에 관련된 책을 편집했습니다. 대한민국 평균독서량을 상승시키고자 북트레이너란 이름으로 활동하게 됐습니다. 다양한 분들에게 북트레이닝을 하고 있으며 한국무역협회 출신 저자와 포럼을 준비 중인 30대 초반의 남성입니다.

세 번째 이야기 | 진로를 일찍 고민하고 방향성 있는 노력을 하자.
주 연

1959년생.
고등학교 (시나리오) 과목 교사.
단편영화제작- '뒤돌아본다는 것', '클로버쫑', '결석계'
"뒤돌아본다는 것"으로 서울세계단편영화제 동상 수상
고등학교 교과서 '시나리오' 집필에 참여.

네 번째 이야기 | 기회는 준비하는 자에게 주어진다.
주동산

전주에서 태어났으며, 육군 3사관학교를 졸업했다. 소위로 임관한 후 중령으로 예편하기까지 다양한 군 보직에 근무했다. 꾸준한 학구열로 기계공학 학사, 문예창작학 학사, 물리학 석사, 신학 석사 학위를 받았다. 신앙저서로 〈거룩한전쟁〉, 〈일년일독매일묵상〉이 있고, 장편소설〈우리들의 교향곡〉, 〈스터디 그룹〉, 〈마이산〉이 있으며 중편소설 〈여우별을 사랑하다〉로 제1회 천강문학상 대상을 받았다.

다섯 번째 이야기 | 나의 농촌마을 입성기
베이다

자신이 원하는 것이 무엇인지 찾지 못하고 남들 기준에 맞추어 직장에 들어간 후 심한 사춘기를 앓았다. 24세에 명상을 시작했고, 20대 후반 과감히 사표를 내고 글쓰기에 돌입. 등단한다고 꿈이 이루어지는 것이 아님을 깨달았다. 꼴에 배운 건 많아서 세상 돌아가는 것이 심상치 않음을 알게 됨. 뜻을 함께하는 사람들과 생태마을을 조직. 자연과 인간이 더불어 사는 취지는 좋으나 초보자들이라 매일매일 좌충우돌의 삶을 살고 있음.

여섯 번째 이야기 | 10대를 향한 위로 한 마디. "힘내.. 지마"
유령작가

어린 시절부터 노는 걸 좋아하던 방황하는 20대 청춘의 표상. 문학이 아닌 문악을 꿈꾸며 글과 함께 세상과 소통하고 즐거움과 기쁨. 때로는 슬픔과 아픔을 나누고자 펜을 잡는 문악가. 해외 축구 전문 기자, 사회복지사, 행사 MC, 뮤지컬 배우. 접점이 불분명한 다양한 분야에 도전해 왔다. 그렇게 미친 듯이 도전하고, 무모하게 정진하는 청춘이지만 어린 시절부터 '10대에게 할 이야기가 많은' 사람이었고 이번 기회에 그들에게 첫 번째 목소리를 내기로 했다.

일곱 번째 이야기 | 나의 존재, 나의 가치를 발견하라.
이문정

1967년 경남 진주 출생으로, 뒤늦은 나이에 작가가 되겠다는 어릴 적 꿈을 이루기 위해 '어작교'에서 공부한 후 현재 프리랜서로 활동하고 있다. 2010년 기독신춘문예에 동화 〈천사와 할아버지〉가 당선되었으며 대학원 문예창작과에서 공부하다가 현재는 휴학 중이다. 〈세계의 천사와 악마〉 〈잡학박물관〉 〈서프라이즈 지식사전〉 〈로마제국의 역사〉 〈백번의 인내〉 〈정말로 하고 싶은 일만 하면 반드시 성공한다〉 〈꿈을 향해 함께 걸어가는 친구〉 등의 책을 집필하였으며 더 좋은 작가가 되겠다는 꿈을 꾸며 오늘도 행복하게 글쓰기를 하고 있다.

내 사슴에 귀 기울여

이제는 우리가 꿈을 이루는 주인공이 되어야 할 때...

초판 1쇄 발행 2012년 11월 12일

글 | 필명 7인

펴낸이 | 이진수
펴낸곳 | euneun Books
책임편집 | 윤선옥
기획 및 편집 | 윤선옥, 손태호, 김재은

편집디자인 | 은은 디자인부
제작 | 김영준, 조수인, 배경민
홍보·마케팅 | 손태호, 김재은

2010년 7월 6일 (제 301-2010-128호) 등록
서울시 중구 퇴계로 42길 23 은은빌딩
전화 | 02-2263-3603
팩스 | 02-2263-3605

ISBN 978-89-965377-2-4 13190

값 12,000원

* 잘못 만들어진 책은 바꾸어드립니다.
* 이 책은 저작권법에 따라 보호를 받는 저작물이므로 무단전재와 무단복제를 금지하며,
  이 책 내용의 전부 또는 일부를 재사용하려면
  반드시 은은출판·euneun Books의 서면에 의한 동의를 받아야 합니다.